성철스님 법문집
영원한 자유

성철스님 법문집
영원한 자유

초판인쇄 1988년 7월 20일
개정 7쇄 2023년 12월 20일

발행인 여무의(원택)
발행처 도서출판 장경각

등록번호 합천 제1호
등록일자 1987년 11월 30일

본 사 경남 합천군 가야면 해인사길 118-116 해인사 백련암
서울사무소 서울시 종로구 삼봉로 81
            (수송동, 두산위브파빌리온) 1232호
전 화 (02)2198-5372
팩 스 (050)5116-5374
홈페이지 www.sungchol.org

ⓒ 2014, 성철

값 13,000원

※이 책에 실린 내용은 무단으로 복제하거나 전재할 수 없습니다.
※잘못된 책은 교환해 드립니다.

영원한 자유

성철스님 법문집

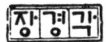

머 리 말
가야산에 법석法席을 펴며

　이처럼 무더운 삼복더위에도 불구하고 여러분들이 이 먼 곳을 찾아와서 이러한 수련법회를 가지는 목적은 다름이 아니라, 어떻게 하면 불교를 올바로 이해하고 또 바르게 실천할 수 있을까 하는 데에 있을 것입니다.
　내가 늘 강조하는 말이지만, 불법佛法은 '영원한 생명과 무한한 능력'을 가진 우리들 자성自性을 깨치는 데 목적이 있는 것이지 말과 문자의 이해와 터득에 있지 않습니다. 그런데도 지금 이렇게 학생들을 모아놓고 말과 문자로써 불교를 설명하는 까닭은, 비록 말과 문자를 아는 것만으로 바른 불법을 얻을 수 있는 것은 아니라 하여도, 불법을 알리려면 먼저 그 말과 문자를 가지고 설명하는 단계가 필요하기 때문입니다. 다시 말해, 불법 그 자체는 결코 말과 문자에 매이지 아니한 것이나, 다만 말과 문자를 빌려 어떠한 방법으로 어떻게 하여야 자성을 깨칠 수 있는지를 설명할 뿐인 것으로서, 지금 설법하고 있는 이 말과 문자가 실지의 불법은 아니라는 것입니다.
　비유를 들어 말하면, 하늘에 있는 달을 보라고 할 때에 그냥 말로만 "달을 보라" 하면 사람들은 잘 보려고 하지 않을 것입니다. 물론 그 말을 듣고 곧바로 달을 보는 사람도 있겠지만, "달을 보라"고 말함과 동시에 손가락으로 달을 가리켜 주면 많은 사람들이 좀더 쉽게 고개를 들어 달을 볼 수 있을 것입니다. 그러나 문제는 대개의 사람들이 그럴 때에 손가락만 쳐다보고 달은 보지 않는다는 것입니다. 그 많은 사람들이 달을 가리키는 손가락만 쳐다볼 뿐 영원토록 달은 보지 못하고 만다는 것입니다.

불법佛法, 곧 부처님의 가르침도 이와 마찬가지입니다.

부처님께서 말씀하신 팔만사천 법문法門도 따지고 보면 모두 달을 가리키는 손가락에 지나지 않습니다. 그러므로 누구든지 달을 가리키는 손가락인 말과 문자를 좇느라고 그에 얽매이는 일이 없이 궁극의 목표인 저 달, 곧 불법을 바로 보아야 합니다.

그렇다면 어떻게 해야 말로도 표현할 수 없고, 문자로도 나타낼 수 없는 불법佛法을 바로 알 수 있겠습니까? 그것은 '영원한 생명과 무한한 능력'을 가진 우리의 자성自性을 바로 깨침으로써 가능합니다. 그러면 또 그 자성은 어떻게 하여야만 바로 깨칠 수 있는가? 그것은 선정禪定을 닦음으로써 가능합니다. 그렇다면 어떤 방법으로 선정을 닦아야 하는가? 선정을 닦는 데는 화두참구話頭參究가 가장 빠른 길입니다.

부처님의 가르침을 바로 성취하느냐 못 하느냐 하는 것은 화두참구를 잘하느냐 못하느냐 하는 것으로 귀결됩니다. 그러니 이 법문을 들을 때에도 화두를 잘 챙겨서 화두 가운데서 법문을 들어야 합니다. 화두를 내버리고 말만 들으면 이 법회를 하는 근본 뜻과는 완전히 어긋나게 됩니다.

지금 여기 모인 대중 가운데는 화두참구를 잘하는 사람들도 많겠지만, 화두가 무엇인지도 모르거나 또 안다 하여도 마음에 간직하여 화두참구를 부지런히 하지 않는 사람들도 있을 것입니다. 모두들 고생고생하며 이 무더운 날 부처님 앞에서 삼천 배拜를 했습니다. 그 고생이 헛되지 않도록 화두를 가지지 아니한 사람들을 위해서 화두를 말한 터이니 앞으로 열심히 참구해 봅시다.

어떤 것이 부처님입니까?
삼 서근이니라.
如何是佛
麻三斤

운문종雲門宗의 동산수초洞山守初 선사는 크게 깨친 대선지식이었습니다. 그에게 어떤 스님이 묻기를 "어떤 것이 부처님입니까?" 하니 수초 큰스님은 "삼 서근"이라고 대답하였습니다. 이 대답이 퍽이나 엉뚱하지 않습니까?
"부처님을 물었는데 어째서 삼 서근이라 하였는가?"
이것이 화두話頭입니다.
우리 대중은 이 법문을 들으면서 항상 마음속으로 '부처님을 물었는데 어째서 삼 서근이라 하였는가?' 하며, 의심하고 의심해야 합니다. 이렇게 의심하는 것이 바로 화두참구하는 법입니다.
이 화두에서 큰스님이 '삼 서근'이라고 대답한 말씀은 말 자체에 그 뜻이 있는 것이 아니라 다른 깊숙한 곳에 그 뜻이 있습니다. 그것을 언외현지言外玄旨라 하니, 곧 말 밖에 깊은 뜻이 있다는 것입니다.

말 밖의 깊은 뜻, 곧 '삼 서근'이라고 대답한 그 근본 뜻을 바로 참구하여야만 불법佛法을 바로 알 수 있습니다. 그러므로 '삼 서근'이라고 한 이 문제를 먼저 해결해야지, 그러지 않고 이것을 그냥 놓아 둔 채로라면 아무리 팔만대장경을 다 외운다 하여도 그것은 외도外道가 될 뿐입니다.

이미 화두를 가진 사람은 그 화두를 참구하고, 화두를 미처 배우지 아니한 사람은 지금 일러준 이 '삼 서근'이라는 화두를 참구하도록 합시다. 그리하여 어느 때, 어느 곳에서든지, 이를테면 법문을 들을 때나 좌선을 할 때나 밖에 나가 돌아다닐 때나 또는 다른 사람과 말할 때나 늘 '부처님을 물었는데 어째서 삼 서근이라 했는가?' 하고 의심하는 화두참구가 우리 생활의 생명선이 되어야 합니다. 화두참구를 마음속으로 계속하면서 법문을 들어야만 자성을 바로 깨칠 수 있습니다. 그저 말만 따라가서는 절대로 불법을 바로 알 수 없으며 자성을 바로 깨칠 수 없습니다.

화두참구를 부지런히 하면서 이 법문을 잘 들어주길 바랍니다.

"부처님을 물었는데 어째서 삼 서근이라 하였는가?"
"부처님을 물었는데 어째서 삼 서근이라 하였는가?"
"부처님을 물었는데 어째서 삼 서근이라 하였는가?"

불기 2512년(1968년) 8월
해인사 대적광전
방장 퇴옹성철

차례

머리말 가야산에 법석法席을 펴며 · 5

제1편 종교란 무엇인가 · 13

1장_종교의 목표 · 15
1. 영원한 행복 · 15 | 2. 록펠러 · 20 | 3. 맹상군 · 21 | 4. 진시황 · 22

2장_천당과 극락 · 27
1. 천당설 · 27 | 2. 절대적인 믿음 · 29 | 3. 과학자 대회 · 31 |
4. 천주교의 교리문답 · 33 | 5. 기독교 무신론 · 35 | 6. 극락설 · 41 |
7. 일승법 · 46

제2편 중도의 세계 · 49

1장_불생불멸不生不滅의 세계 · 51
1. 불생불멸과 등가원리 · 51 | 2. 색공色空의 세계 · 59 |

3. 삼천대천세계 · 71 | 4. 물심불이物心不二의 세계 · 73 |
5. 질문과 답 · 76

2장_중도의 원리 · 82

1. 초전법륜 · 82 | 2. 대승불교 운동 · 87 | 3. 중용과 변증법 · 91

제3편 영혼과 윤회 · 95

1장_영혼은 있다 · 97

1. 불교의 제8식 · 97 | 2. 근사近死경험 · 99 | 3. 영혼사진 · 104 |
4. 영혼의 물질화 · 111 | 5. 사자死者의 서書 · 114

2장_윤회는 있다 · 117

1. 전생기억 · 117 | 2. 차시환생借屍還生 · 133 | 3. 연령역행 · 135 |
4. 전생투시前生透視 · 144

제4편 영원한 자유 · 153

1장_오매일여 · 155

1. 영겁불망永劫不忘 · 155 | 2. 대혜선사 · 160 | 3. 태고스님 · 165 |
4. 불등수순 선사 · 167

2장_자유로 가는 길 · 171

1. 큰 신심 · 171 | 2. 큰 의심 · 173 | 3. 세 가지 장애 · 184

3장_신심信心이 성지聖地다 · 189

1. 관음보살과 문수보살 · 189 | 2. 농산행 · 197

제5편 영원한 자유인 · 203

1. 선로宣老스님 · 205
2. 원관圓觀스님 · 207
3. 불도징佛圖澄 스님 · 211
4. 지자智者스님 · 212
5. 은봉隱峰스님 · 212
6. 혜숙惠宿스님 · 213
7. 혜공惠空스님 · 215
8. 법연法演스님 · 216
9. 달마스님 · 219
10. 승가僧伽스님 · 221
11. 보화普化스님 · 223
12. 왕가王嘉 · 225
13. 동빈거사洞賓居士 · 226
14. 유안劉晏 · 229
15. 법수法秀 · 231
16. 포대화상布袋和尙 · 233
17. 배도杯渡스님 · 234
18. 지공誌公스님 · 235
19. 사명대사 · 237

맺는 말 · 241
엮은이의 말 · 246
재발간에 즈음하여 드리는 말씀 · 248

제1편
종교란 무엇인가

1장 종교의 목표
2장 천당과 극락

절대적이고 무한한 세계는 이 고통의 현실을 벗어난 자유의 세계로서 영원한 행복이 있는 곳입니다. 우리는 상대적이고 무한한 이 세계, 곧 생멸의 차안에서부터 절대적이고 무한한 저 세계, 곧 해탈의 피안으로 건너가야만 영원한 행복을 누릴 수 있습니다.

1장_종교의 목표

1. 영원한 행복

불교는 기독교, 이슬람교와 함께 세계 삼대 종교의 하나라고 일컬어집니다. 이들 종교는 저마다 내세우는 교조教祖가 다르므로 그 내용이 서로 다를 수밖에 없습니다. 그러나 그 교조와 내용은 서로 다르다 할지라도 종교가 갖는 궁극적인 목표는 다 같다고 봅니다. 이를테면, 서울로 간다고 할 때에 북쪽에서 가든 남쪽에서 가든 바다에서 가든 육지에서 가든 비록 그 방향과 수단은 제각기 다르지만 서울에 간다고 하는 근본 목표는 다 같듯이, 종교가 지향하는 목표는 어느 종교에서나 다 같습니다.

그러면 그 공통되는 종교의 목표란 무엇인가? 그것은 바로 사람들로 하여금 상대相對적이고 유한有限한 세계에서부터 절대絶對적이고 무한無限한 세계로 들어가게 하는 것입니다. 상대적이고 유한한 세계는, 지금 우리가 살고 있는 이 세상과 같이, 태어남과 죽음이 있어 고통과 번뇌가 가득 찬 세계입니다. 이 세계에서 우리가 누리는 행복은 일시적인 것에 지나지 않으며, 결국에는 오히려 괴로움만 더

해 줄 뿐입니다. 그러나 절대적이고 무한한 세계는 이 고통의 현실을 벗어난 자유의 세계로서 영원한 행복이 있는 곳입니다. 우리는 상대적이고 무한한 이 세계, 곧 생멸의 차안此岸에서부터 절대적이고 무한한 저 세계, 곧 해탈의 피안彼岸으로 건너가야만 영원한 행복을 누릴 수 있습니다. 이것이 바로 모든 종교가 지향하는 근본 목표인 것입니다. 이렇듯 종교의 근본 목표인 영원한 행복은 바로 모든 인간이 추구하는 기본 욕망입니다. 그러나 영원한 행복은 이 유한한 세계에서는 이루어질 수 없습니다. 그래서 각 종교는 영원한 행복을 누릴 수 있는 절대적이고 무한한 세계에 들어가도록 그 방법을 사람들에게 가르치고 있는 것입니다.

그러면 다른 종교에 대해서는 뒤로 미루고, 불교에서는 그 궁극의 목표를 어떻게 말하고 있는지 살펴보겠습니다.

부처님께서는 그에 대하여 여러 경전에서도 말씀하셨지만, 특히 「기신론起信論」에서 이렇게 말씀하셨습니다.

모든 괴로움을 버리고
구경의 즐거움을 얻는다.
離一切苦
得究竟樂

이 말씀은 모든 괴로움을 다 버리고 구경究竟의 즐거움, 곧 영원하고 절대적인 즐거움을 얻는 것이 불교의 궁극적인 목표임을 가르칩니다. 그것은 곧 상대적이고 유한한 생멸生滅세계를 떠나 절대적이고 무한한 해탈解脫세계로 들어가 영원한 행복을 얻고자 하는 일반의 종교가 갖는 목표와 꼭 같습니다.

그러면 우리가 '상대'와 '유한'의 생멸세계를 버리고, '절대'와 '무한'의 자유세계에 가려고 노력하는 까닭이 무엇이겠습니까? 만일에 누가 서울에 간다고 한다면 왜 가는지 까닭부터 알고 가야지 무조건 서울만 가겠다고 나선다면, 그것은 그야말로 무모한 행동일 것이요, 그 사람은 모자라는 사람으로 취급받을 것입니다. 그와 마찬가지로, 절대적이고 무한한 자유세계로 가려고 한다면 먼저 왜 가려고 하는지 그 구체적인 이유부터 아는 것이 마땅합니다.

이 세상에는 천지만물이 있고, 인간은 그 모든 생물과 무생물 중에서 으뜸가는 존재라 하여 만물의 영장이라고들 합니다. 그런데 스스로 만물의 영장이라고 자처하는 인간의 삶의 모습은 과연 어떠합니까? 인간은 대체로 삶을 값어치 있게 만들기 위하여 저마다 목표를 세우고 그것을 달성하려고 노력합니다. 더러 목표가 뚜렷하지 못한 사람도 있고 또 사람마다 목표하는 바가 다르기도 하지만, 인간이 궁극적으로 구하는 것은 바로 행복일 것입니다. 그것은 인간은 본능적으로 행복을 추구하게 되어 있기 때문입니다. 그렇기에 동서고금을 막론하고 뭇 사람들 사이에서 행복에 대한 논의가 끊임없이 일고 있는 것입니다.

그러나 우리 인간의 현실적 삶의 모습이 얼마나 행복과 가까운지는 한번 조용히 생각해 볼 일입니다. 인간이 한평생을 살아가는 동안에는 심지어 산다는 것조차도 짐스러울 만큼 고통스러운 순간이 많습니다. 이것을 불교에서는

> 삼계가 불타는 집이요
> 사생이 괴로움의 바다이다.
> 三界火宅
> 四生苦海

라고 표현합니다. 삼계三界란 중생이 사는 이 우주 전체를 일컫는 말인데 이것을 불타는 집이라고 하고, 사생四生은 이 세상의 모든 생명을 일컫는 말인데 그 전체가 괴로움의 바다라고 하였습니다. 곧 불타는 집에서 고생만 하고 사는 것이 인생 그 자체라고 부처님은 말씀하십니다. 인생이란 이와 같이 태어나서 사는 동안에 고생만 하다가 끝내 죽고 마는 것입니다. 물론 살다가 때에 따라서는 좋은 일도 더러 있기는 하지만 그것은 순간적인 것일 뿐, 인생을 전체로서 볼 때는 괴로움의 연속이라고 할 수밖에 없습니다.

인간은 누구나 이렇게 괴로운 인생을 살아가야 합니다. 그렇다고 스스로 목숨을 끊을 수도 없고, 그토록 괴로운 삶이니 더 이상 살고 싶지 않다고 하여 살지 않을 수도 없습니다. 그러다 보니 사람들은 어떻게 하면 좀 덜 고생하며 행복하게 살 수 있는지에 대해 고민하지 않을 수 없게 되었습니다. 그래서 역사가 시작된 이래로 사람들은 이 고생스러운 삶 가운데서 좀더 행복하게 살 길을 찾아 여러 가지 방법을 모색해 왔습니다.

우리가 살아가는 현실은 모든 것이 다 상대적이고 유한하여서 모순의 연속입니다. 이러한 모순의 세계란 곧 투쟁의 세계입니다. 따라서 여기에서는 일시적으로 행복을 얻었다고 하여도 곧 종말이 오고

야 맙니다. 그리하여 마침내 영원한 행복을 생각하게 되고, 그 영원한 행복을 달성할 수 있는 길을 추구하는 데에서부터 인간의 종교가 성립된 것입니다. 영원한 행복은 지금 우리가 살고 있는 상대적이고 유한한 이 세계에서는 이룰 수가 없습니다. 그래서 피안의 세계, 곧 절대적이고 무한한 세계를 구상하여 그곳에서 영원한 행복을 누리도록 노력하자는 것이 종교의 근본 취지일 것입니다.

모든 사람이 종교를 믿는 것은 아니듯이, 모든 사람이 저 먼 피안의 세계에서만 영원한 행복을 추구했던 것은 아닙니다. 그것은 사람마다 자신이 처한 환경에 따라 추구하는 행복이 다르기 때문입니다. 이를테면 빌어먹는 거지에게 행복이 무엇이냐고 물어본다면, 때가 되어 밥 한 끼 잘 얻어먹는 것이 행복이라고 대답할 것입니다. 거지로서는 밥 한 끼 잘 얻어먹으면 그것으로 다른 모든 시름은 다 잊고 만족해할 수 있을 것입니다. 확실히 사람들은 때와 장소와 처지에 따라 서로 다른 행복을 추구하게 됩니다. 그러나 사실 대개의 사람들이 추구하는 행복이란 것은 거지가 밥 한 끼 잘 얻어먹는 것을 행복이라 여기는 것과 크게 다를 바가 없습니다. 그런 사람들에게 영원한 행복이란 공연한 이야기가 아니냐고 반문할 수도 있을 것입니다.

여기에 대해서 수천 년의 인류 역사가 지나가는 동안에 세속적인 기준으로 행복하게 살았다고 하는 몇 사람의 경우를 보면서 진정한 행복이 무엇인지 생각해 보겠습니다.

2. 록펠러

첫 번째로 록펠러Rockefeller(1839~1937)의 경우를 보겠습니다. 미국의 록펠러 1세는 당대에 자수성가自手成家하여 세계적인 갑부가 되어 아흔아홉 살까지 산 사람입니다. 그만하면 누가 보든지 참으로 행복하게 산 사람이라고 할 수 있습니다. 재산도 많아 세계적인 재벌이라는 소리를 들었을 뿐더러 나이 아흔아홉이 되도록 장수하였으니 무엇 하나 부러울 것이 있었겠습니까? 그런데 사람의 욕심이란 그렇지 않은가 봅니다.

록펠러는 만년에 이르러 위암에 걸려 죽게 되었습니다. 암이란 지금의 발달된 현대의학으로도 웬만해서는 고치지 못하는 병인데 지금보다 오십 년 전인 그때에는 더 말할 것도 없었습니다. 세계적인 갑부로서 온갖 부를 누렸고 또 아흔아홉 살의 천수를 누렸으니 그만하면 당장 죽어도 여한이 없을 듯싶은데도, 그는 자기가 암에 걸려 곧 죽을 운명에 놓이게 되자 도저히 그대로 죽을 수는 없다는 것이었습니다. 그리하여 자기의 생명을 일 년 더 연장시켜 주는 사람이 있으면 그에게 재산의 절반을 주겠다고 온 세계에 광고를 냈습니다. 들리는 이야기로는 그 광고비만도 이백만 불이나 들었다고 합니다. 이백만 불이면 어마어마한 돈입니다. 아마 이백만 불 아니라 이백억 불을 들인다 해도 목숨을 연장하는 이러한 문제는 해결할 수가 없을 것입니다. 록펠러가 낸 그 광고를 보고 의학 분야에 오래 종사한 사람들은 록펠러를 한 해라도 더 살려 놓으면 자기가 세계적으로 유명한 사람이 될 것이라는 욕심에서 각양각색의 방법을 다 동원하고 제시하였습니다만, 결국 록펠러는 더 살지 못하고 아흔아홉에 죽고 말았습니다.

그렇게 오래 살았어도 좀더 살고 싶은 것, 이것이 인간의 본능입니다. 이것은 인간뿐만이 아닙니다. 저 꼬물거리며 기어다니는 개미나 벌레까지도 죽는 것은 다 싫어합니다. 좀더 오래 살았으면, 좀더 편안하게 살았으면 하는 욕망은 생명을 가진 생명체의 버리려야 버릴 수 없는 본능적인 욕망입니다. 그러나 아무리 오래 살고 또 부귀와 영화를 누리며 산다 해도, 그것은 어느 한 순간이면 끝나고 맙니다. 이 유한한 생멸의 세계에서는 그러한 사람의 욕구는 결코 채워질 수가 없는 것입니다.

3. 맹상군

　　호화코 부귀코야 맹상군만 하련마는
　　백년이 못 다하여 무덤 위에 밭을 가니
　　하물며 여남은 장부야 일러 무삼하리요.

맹상군은 중국 춘추전국春秋戰國 시대의 사람인데, 왕자王者로서 정승을 지낸 이로, 천하의 부귀와 영화를 한몸에 지녔던 사람이라고 합니다. 역사에서 가장 호화롭게 산 사람이 누구냐고 하면 누구나 이구동성으로 맹상군이라고 말할 만큼 참으로 세상의 행복을 누리며 산 사람의 표본이라고 할 수 있습니다. 그러한 맹상군도 백 년을 못 살고 일흔이 가까워서 죽고 말았습니다. 살아 생전 그의 공명에 따라 장례를 후히 지내고 그 무덤도 산과 같이 거창하게 만들어 놓았지만, 오랜 세월이 흐른 뒤에는 그것이 덧없는 일에 지나지 않으니, 이제는 무덤 옆에 밭을 갈던 농부가 제 땅을 넓히려고 맹상군 무덤 위에다가 밭을 간다는 것입니다.

이렇게 볼 때 인생이 얼마나 허망하고 허무한 것인지 실감하고도 남음이 있습니다. 그렇게 온갖 영화를 다 누리며 호화롭게 살던 맹상군도 그러한데 하물며 특별히 두드러진 것 없이 보통의 삶을 살고 있는 사람들은 더 말할 나위도 없을 것입니다.

4. 진시황

그 유명한 진시황秦始皇(기원전 259~210)의 경우는 또 어떠한지 보겠습니다. 그는 춘추전국 시대의 맹상군보다 후대의 사람으로 6국六國을 정벌하고 중국 천하를 통일하여 진秦나라 대제국을 건설한 만고의 영웅 가운데 영웅입니다. 그가 천하를 통일하고 보니 모든 것이 자기 것으로 보였습니다. 그래서 천하의 좋은 물건, 좋은 음식, 좋은 옷, 미인들을 모두 자기 것으로 만들었습니다. 또 자기가 거처하는 궁궐을 지어 아방궁阿房宮이라 불렀는데 집의 길이가 무려 칠백 리에 뻗쳤다고 합니다. 우리나라 한양의 궁궐 둘레가 사십 리라고 하니 진시황의 궁궐 둘레는 천 리가 넘었을 것으로 추측됩니다. 뒷날

항우項羽라는 장사가 나타나서 진나라를 패망시키고 아방궁을 불태우는 데 석 달 동안이나 탔다고 합니다. 집이 다 타는 데에 석 달이나 걸렸으니 아방궁의 크기를 가히 짐작할 수 있을 것입니다.

진시황이 그렇듯 천하를 자기 것으로 하여 호사스럽게 살면서도 딱 한 가지 마음에 차지 않는 것이 있었으니, 자기 목숨이지만 이것만큼은 자신의 권세로도 도저히 어떻게 해볼 수 없다는 사실이었습니다. 세월이 흐르면서 머리는 희끗희끗해지고, 얼굴에는 주름이 늘고, 기운은 자꾸 쇠약해져서 마침내는 죽고 말 것이라는 불안한 마음이 일어났던 것입니다. 그래서 천하에 영令을 내려 죽지 않는 불사약不死藥을 구해 오는 사람에게는 수만 금의 상금을 주고 벼슬도 주겠다고 하였습니다.

그러자 얼마 뒤에 서시徐市라는 사람이 나타나 진시황에게 이렇게 아뢰었습니다. "여기서 동쪽으로 동쪽으로 나아가면 바다 가운데 삼신산三神山이 있는데, 그곳에 있는 불사초라고 하는 약초를 먹으면 영원히 죽지 않는다고 합니다." 진시황은 그 말을 듣고 매우 기뻐하며 그 약초를 캐오는 데에 비용이 얼마나 드느냐고 물었습니다. 서씨가 대답하기를 "동남동녀童男童女 각 삼천 명과 그들을 싣고 갈 배만 준비해 주시면 가서 불사초를 구해 오겠습니다."라고 하였습니다. 진시황은 곧 영을 내려, 서씨의 요구대로 동남동녀 각 삼천 명과 그들이 먹을 식량과 의복 따위를 수십 척의 배에 실어 보내어 삼신산의 불사초를 캐오도록 하였습니다.

하지만 서씨의 생각은 다른 데에 있었습니다. 그는 진시황이 호사가 넘치다 보니 사람의 힘으로서는 어찌할 수 없는 공연한 짓을 하는 것임을 알고 있었습니다. 요堯나라의 팽조彭祖가 팔백 년을 살았지만 끝내 죽고 말았는데 자기가 살면 얼마나 살 것인가 하고 속으로 생각한 그는, 영원히 살고 싶어하는 욕망에 집착한 진시황의 약점을 이용하여, 처녀 총각 육천 명을 데리고 저 바다 가운데 좋은 섬에 가서 자기의 왕국을 하나 만들어 잘 살아 보겠다는 야심을 품고 있었던 것입니다. 확실한 것은 알 수 없지만 그리하여 만든 나라가 일본이라는 말도 있습니다. 우리나라 남쪽, 남해 금산 밑에 가면 바위에 '서씨각徐氏刻'이라는 것이 있는데, 서씨가 중국을 출발해서 남해 앞을 지나갔을 것으로 추측되는 기록이 현재 남아 있습니다.

어찌하였든 서씨는 그렇게 처녀 총각 육천 명을 배에 싣고 제 갈 길로 가 버렸고, 이를 알 리가 없는 진시황은 이제나 저제나 하면서 불사초를 구해 오기만 기다렸습니다. 결국 진시황은 자기가 서씨에게 속은 것을 알고 원통해했지만 때는 이미 늦어 버렸습니다. 제아무리 진시황이라도 다가오는 죽음의 순간은 어찌할 수가 없었습니다. 그러나 진시황은 죽어도 그냥 죽을 수는 없다고 생각하고서, 죽고 난 뒤에 자기의 무덤을 생전의 아방궁처럼 꾸미도록 엄명하였습니다. 그래서 중국에서 가장 경치가 좋은 여산廬山에 터널을 뚫고 산 밑의 흙을 다 파내고 지하 궁궐을 짓도록 하였습니다. 또한 죽은 뒤에도 음식을 차려놓고, 궁녀 가운데서 가장 아름답게 생긴 궁녀 삼천 명을 뽑아 언제든지 자기 옆에서 춤추고 노래하며 자기의 무덤이 있는 방을 지킬 것을 명령하였습니다. 진시황이 죽고 난 뒤에 신하들은 그의 명령대로 궁녀 삼천 명을 뽑아 묘를 지키게 하였을 뿐만 아니라 그들이 밖으로 나오지 못하도록 문을 봉해 버렸습니다.

얼마 뒤에 유방과 항우가 들고일어나 진나라는 망하게 되었습니다. 항우가 먼저 함양에 들어가 아방궁을 불태우고, 여산의 묘를 파헤쳐서 그 속에 갇혀 있던 삼천 명의 궁녀들을 살려 주어 제 갈 길로 가게 하였습니다. 그러나 항우도 그 삼천 명의 궁녀 가운데 가장 아름답다고 생각되는 궁녀는 남 주기가 싫어서 자기가 차지했으니, 그 미인이 천하에 유명한 우미인虞美人입니다. 나중에 항우가 유방과 싸우다가 해하垓下에서 대패하고 오강烏江에서 스스로 목숨을 끊으며 부른 노래가 있습니다.

    힘은 산을 뽑고 기개는 천하를 덮어도
    때가 이롭지 못하니 천리마도 앞을 달리지 않는구나.
    천리마가 달리지 않으니 어찌할 거나
    우미인이여, 우미인이여 나는 장차 어찌할 거나.
    力拔山兮氣蓋世
    時不利兮騅不逝
    騅不逝兮可奈何
    虞兮虞兮奈若何

항우가 당장 망해서 죽게 되었는데 천리마는 버려도 우미인은 버리기 싫다는 것입니다. 그래서 둘은 술을 마시고 춤을 추다가 마침내 자결하고 말았습니다.

사람의 욕심이란 이같이 허무할 뿐만 아니라 그 욕심으로 인해 자기와 남에게도 피해를 입히게 됩니다. 진시황의 아방궁을 짓고 거대한 무덤을 파기 위해서 얼마나 많은 백성들이 괴로움을 당했겠습니까! 이처럼 많은 사람들의 눈물 위에서 진시황은 일시적인 행복은 누렸는지 모르지만, 아무리 거대한 무덤을 만들고 삼천 궁녀를 그 속에 가둬 춤추게 하는 등 별별 짓을 다했어도, 결국 영원한 행복은 성취하지 못하고 만 것입니다.

어떠한 한계도 없는 영원한 행복을 구하고자 했으면서도 그 행복의 근처에도 가보지 못한 이런 일들이 앞에서 본 록펠러나 맹상군이나 진시황에게만 국한되는 일은 아닐 것입니다. 인간이라면 누구나 빈부귀천에 관계없이 그런 처지에 놓이면 그와 같은 욕망이 일어나게 마련입니다. 곧 죽게 된 사람도 죽음을 피하고 좀더 오래 살려고 발버둥치는 것은 당연한 인간의 본능적 욕구입니다.

그러나 이것은 현실에서 아무리 강한 권력이나 명예나 금력을 가졌다고 해도 실제로 성취될 수가 없습니다. 여기에 해답을 주는 것이 바로 종교입니다. 종교는 인간의 본능적인 욕구인 영원한 행복을 해결해 나가는 데에 중대한 역할을 합니다. 그렇다면 과연 모든 종교가 인간이 원하는 영원한 행복을 해결해 줄 수 있을까 하는 문제가 남습니다.

2장_천당과 극락

1. 천당설

앞에서 살펴본 바와 같이 역사에서 위인偉人, 걸사傑士로 꼽히는 많은 인물들 가운데 어느 누구도 이 현실의 세계에서는 우리가 바라는 영원한 행복을 성취하지 못하였습니다. 그래서 사람들은 결국 이 현실을 떠난 다른 세계에서 영원한 행복을 찾을 수밖에 없다 하여 다른 세계를 모색하게 되었는데, 그 가운데 대표적인 것이 기독교의 천당설天堂說입니다.

현실 세계는 모든 것이 시간과 공간의 제약 속에 있어서 시간적으로나 공간적으로 무한하지 못하고 한정되어 있습니다. 그렇기 때문에 현실에서는 영원하고 절대적인 행복을 누릴 수가 없는 것입니다. 이 상대적이고 유한한 세계에서는 제아무리 뛰고 구르며 재주를 넘어 보았자 영원한 행복은 절대로 성취할 수 없습니다. 그래서 이 현실 세계에서 영원한 행복을 추구하려는 생각을 완전히 버리고 다른 바깥 세계에 가서 행복을 추구하려는 생각이 일어난 것입니다. 그리하여 어느 곳에 가야만 우리가 찾는 영원한 행복을 누릴 수 있을까 하고 모색하던 끝에 천당 곧 하늘나라를 생각하게 된 것입니다.

"저 푸른 허공을 자꾸자꾸 올라가면 천당이 있다. 그 천당에는 하나님이 계시는데 하나님은 일체를 초월한 절대자다. 그는 전지전능全知全能하여 모르는 것이 하나도 없고, 못 하는 것이 하나도 없는 분이다. 그 하늘나라에서는 시간과 공간의 제약을 일체 받지 않으므로 하늘나라에 한번 들어가면 누구든지 영원토록 생명을 누려 영생永生한다. 그곳에서는 괴로움은 찾아볼 수 없고 오직 즐거움만이 있다. 그러므로 하나님이 계시는 하늘나라에서는 누구든지 영원하고 절대적인 행복을 누리며 살 수 있다."

이렇게 기독교에서는 천당, 곧 영원한 행복을 누릴 수 있는 절대의 세계가 저 하늘에 있다고 선언했습니다.

이 말은 괴로움 많은 인간들에게는 많은 위안이 되었습니다. 이 괴로운 현실을 떠나 저 높고 높은 하늘 위에 있는 천당이라는 좋은 세계를 발견하여 그곳에 가면 영원하고 절대적인 행복을 누린다고 선언하니, 마치 물에 빠진 사람을 건져 주는 것과 같아, 많은 사람들로 하여금 눈을 번쩍 뜨게 만든 것은 사실입니다. 참으로 영원하고 절대적인 행복을 누릴 수 있는 곳이 있다면, 누구든지 자기가 지금 처해 있는 현실을 다 내버리고서라도 그곳에 가서 살고 싶다고 그렇게 생각할 것입니다.

2. 절대적인 믿음

그런데 과연 그것으로 사람들이 바라는 영원한 행복의 문제를 해결해 줄 수 있는지는 의문입니다. 사람들의 삶이 단조롭고 지혜가 크게 발달되기 전에는 훌륭한 사람이 나와서 천당설을 이야기하면 아무런 의심 없이 믿곤 하였습니다. 그러나 차츰차츰 인간의 문명이 발달됨에 따라 사람들은 지혜가 늘고 또 새로운 세계에 대하여 눈을 뜨게 되면서, 그러한 일방적인 가르침이 논리적으로 맞지 않음을 깨닫기 시작하였습니다. 하늘나라에 대해서 믿음을 잃게 되니 사람들은 자연히 방황할 수밖에 없게 되었습니다.

"천당이 어디에 있어. 무슨 하나님이 있다는 거야. 인간들이 현실에서 고통을 받고 있으니 위안하려고 일부러 거짓말을 한 것이지."

이렇게 의심하는 사람들의 말을 인정해 버리면 종교의 기반은 사라지고 맙니다. 그렇다고 현실적으로 절대 세계의 영원한 행복을 증명해 보일 수도 없습니다. 그래서 서양의 신학자들은 합리合理, 불합리不合理를 논하지 말고 이것은 예수의 말씀이니 무조건 믿으라고 했습니다. 그 중에서도 대표적인 신학자가 성聖 어거스틴St. Augustine입니다. 그는 "불합리하기 때문에 믿는다."고 고백했던 것입니다. 그러한 믿음을 바로 절대적 신앙이라고 합니다.

한편으로 생각하면 이와 같은 절대적인 믿음에도 일리가 있습니다. 초등학생에게는 고등수학이 믿기 힘든 의심의 대상이 될 수밖에 없습니다. 그와 마찬가지로 예수님이 말씀한 천당은 분명히 존재하지만, 예수님은 말할 것도 없고 신학자들의 그 뛰어난 영혼과 깊은 지혜를 도저히 따라갈 수 없는 사람들이 다만 소견이 좁아서 그 존재를 의심할 뿐이라는 것입니다. 그러므로 좁은 소견으로 합리, 불합리를 따질 것이 아니라 무조건 믿으라고 합니다. 기독교는 이러한 절대적인 믿음을 기반으로 하여 오랜 세월 동안 인류의 사상을 지배하며 그 생명을 이어 왔습니다.

그런데 현대에 와서는 사회적 상황이 예전과 같지 않게 되었습니다. 인지人智가 자꾸 발달되자 절대 세계에 대해서, 또 신神의 존재 여부를 비롯한 신의 문제에 대해서 자꾸 회의적인 생각이 일어나게 된 것입니다. 아무리 생각을 이리저리 펼쳐 보아도 하나님이나 천당이 있다는 사실을 믿기가 어렵게 되었습니다. 이런 회의적인 생각이 점점 크게 일자 그것이 마침내는 종교의 근본을 위협하게 되었습니다.

이러한 태도 변화는 과학의 발달로 그전에는 신비롭게만 여기던 자연 현상이나 우주의 모습이 신의 신비로운 조화가 아닌, 자연의 법칙에 의한 것임이 밝혀짐에 따라 인간이 갖게 된 당연한 변화입니다. 우주의 모습까지 밝혀낸 현대에 와서 맹목적으로 하나님이나 천당을 믿으라고 하는 것은 어느 누구에게도 쉽사리 통하지 않는, 설득력 없는 강요에 지나지 않게 되었습니다. 이제는 그냥 믿으라고만 강요하기에 앞서 무엇인가 객관적으로 사실을 증명해야만 비로소 믿는 세상이 되었습니다. 종교가 그 생명을 유지하려면 객관적으로 증명이 되는 뚜렷한 이론 체계를 갖고 있어야만 합니다. 객관성이 없는 이론은 그야말로 아무 근거도 없는 공론空論이라 하여 믿으려 하지 않기 때문입니다.

3. 과학자 대회

최근의 동향을 보면, 과학계에서 내세우는 것이 모두 다 옳고 정확하다고는 할 수 없지만, 차츰차츰 생명의 정체를 비롯하여 자연의 법칙이며 우주의 모습에 대해서 과학자들이 일찍이 세워 놓은 가설들이 사실이거나 사실에 가깝다는 것을 인정하지 않을 수 없게 되었습니다. 그렇기 때문에 현대인들은 과학적으로 증명된 사실에 관해서는 그 무엇보다도 신뢰하는 경향이 있습니다.

몇 해 전 런던에서 '세계 과학자 대회'가 열렸습니다. 19세기에 다윈이 진화론進化論을 발표하자 세상은 그것을 믿지 않았는데, 그때 진화론을 앞장서서 소개하였던 사람이 헉슬리T. H. Huxley였습니다. 바로 그 사람의 손자 되는 사람이 또한 영국의 과학계를 주도하는 유명한 과학자가 되어 이 회의를 주재하게 되었습니다. 이 대회의 명칭은 '세계 과학자 대회'이지만 다른 모든 학문 분야에 대해서도 토의를 해보자는 의도가 있어서 종교 문제까지 논의하게 되었습니다. 그리하여 종교 문제를 토의하는 데에는 그 방면의 전문가가 필요하였기 때문에 신부, 목사, 신학자들도 그 대회에 함께 참석하였습니다. 그리고 그들은 이 과학자 대회에서 토의된 종교 문제에 대한 의견을 종합하여 성명서를 발표했는데, 그 내용을 간추리면 다음과 같습니다.

"지금과 같은 우주과학 시대에는 신神을 전제로 하는 종교는 더 이상 존속할 수 없다. 왜냐하면 일반 종교에서 말하는 신은 허위이기 때문이다. 그러면 어떠한 종교가 앞으로 존속할 수 있는가? 불교와 같이 신을 전제로 하지 않는 종교만이 존속될 수 있을 것이다."

기독교 성직자와 신학자들을 앞에 두고 세계 과학자 대회는 이렇게 신神을 전제로 하지 않는 종교만이 존속될 수 있다는 중대선언을 했습니다. 이는 참으로 놀랍고도 획기적인 선언이었습니다. 서양에서의 기독교 신의 존재는 다만 종교의 영역에만 머무르지 않았으니, 이천여 년을 내려오며 그들을 지배해 온 전통이요, 사상이며, 생활입니다. 그런데 그것을 전적으로 부정한 것입니다. 일대 혁명이라고 할 수 있는 이 선언은 결국 믿음이라는 근본 문제를 재고해 보아야 한다는 주장과 같은 것입니다. 그때에 가톨릭이나 기독교의 대신학자들이 많이 참석하였지만 이런 주장에 대해 아무런 반박을 하지 못했습니다. 그와 동시에 신을 전제로 하지 않은 불교와 같은 종교만이 존속할 것이라는 데에 대해서도 아무런 이의를 내놓지 못하였습니다.

정작 불교인들은 아무 말도 하지 않고 있었는데, 과학자들이 이런 결론을 내렸다는 것은 반가운 일일는지도 모르겠습니다. 그러나 비록 불교가 신을 전제로 한 종교와는 달리 이 우주과학 시대에 존속할 수 있다고는 하였지만, 그것은 불교의 이론 체계 역시 객관성을 가질 때에만 가능합니다. 그렇지 않고 공리공론空理空論에 그치고 만다면 불교도 존속하기 위해서는 어려움을 겪을 것이 분명합니다.

믿음에 대한 문제, 종교에 대한 문제에 관해서 현대의 과학자들이 그러한 태도를 보인 것은 그들이 종교의 본질을 이해하지 못한 까닭이라 하여 그런 말에는 귀를 기울일 필요조차 없다고 일축해 버릴 수도 있습니다. 아직 과학이 규명하지 못한 신비의 세계가 많이 남아 있듯이 과학에도 한계가 있으니 말입니다. 그리고 사실 가장 차원 높은 세계를 추구하는 종교에 대하여 과학자들이 성명서를 냈다고 해서 그들의 말을 따라간다는 것은 어찌 보면 종교의 존엄성을 완전히 포기하는 행위일 수도 있습니다.

그렇다면 천주교나 기독교의 종교인 및 신학자들은 과연 이 문제에 대하여 오늘날 어떻게 생각하며 대처하고 있는지 한번 알아보겠습니다.

4. 천주교의 교리문답

천주교는 지금까지 사용해 오던 『교리문답敎理問答』이라는 책을 최근에 재편집하였습니다. 『교리문답』은 천주교의 모든 교리의 기초가 되는 입문서로서, 처음에 천주교에 입문하는 사람은 반드시 배우고 익혀야 하는 책입니다. 이 한 권의 책을 완전히 익혀야만 신자의 자격이 주어집니다. 이렇듯 중요한 책이 재편집되어 나왔는데, 그 첫머리가 이렇게 바뀌었습니다.

"오래고도 긴 세월이 흘렀다. 그 사이에 천지만물天地萬物이 생겼고, 인류가 탄생하여 겨레와 나라를 이루었다."

이 말은 우리의 상식으로는 너무도 당연하여 새삼스럽게 말할 필요도 없는 것에 지나지 않을지도 모릅니다. 그러나 천주교인들에게는 청천벽력과도 같은 말입니다. 왜냐하면 그들의 믿음의 근거가 되는 구약성경에 적힌 바와 어긋나기 때문입니다. 구약성경의 첫머리에서는 다음과 같이 말하고 있습니다.

"태초에 전지전능全知全能한 하나님이 계셨다. 하나님이 하늘이 있으라 하니 하늘이 있고 땅이 있으라 하니 땅이 있고…… 사람을 만드셨다."

이와 같이 천지만물은 다 하나님이 만든 것으로 저절로 생겨난 것은 하나도 없다는 주장이 구약성경의 출발점이요, 근본을 이루는 사상입니다. 그리고 그러한 구약성경을 기반으로 하여 예수교는 형성되었고, 지금까지 그 맥을 이어 왔습니다. 그런데 오랜 세월 동안 기반이 되어 온 그 근본 사상을 어느 날 갑자기 저들 스스로 허물어뜨리고, 그 대신 진화론의 태도를 취한 것입니다. 이것은 천주교로서는 실로 큰 변화가 아닐 수 없습니다.

그러면 그들은 어떤 까닭에서 갑자기 그들이 절대시하고 가장 신성시해 온 성경과 상충되는 내용의 말로써 『교리문답』의 첫머리를 삼게 되었는지 생각해 봅시다. 그것은 과학자들이 주장하는 바와 거의 같은 까닭에서 비롯되었습니다. 곧 과학이 발달하고 인간의 지혜가 향상됨에 따라 논리적으로 허술한 점이 많은 하나님의 우주창조설이나 인간 창조설이 현대인에게는 설득력이 부족하기 때문입니다. 그것은 하나의 신화神話에 불과한 것이지 사실일 수가 없기 때문입니다. 사실이 아닌 허구를 갖고서, 더구나 우주과학 시대에 사는 사람들에게 무조건 믿으라고 하는 것은 종교적 믿음이 될 턱이 없습니다. 그것은 다만 강요일 뿐입니다.

그리하여 천주교인들은 이 신화를 완전히 포기하고 논리적인 사실에 입각한, 일대 전환을 선언한 것입니다. 원죄설原罪說이라든지 창조설創造說과 같은 중요한 교리를 논리적인 근거 아래 재해석하여 『교리문답』을 재편성하기에 이른 것입니다. 1967년 3월 2일자 〈조선일보〉는 '현대의 옷을 입는 천주교'라는 제목으로 이를 보도하였습니다. 이 문제는 한국의 천주교회에서만이 아니라 로마의 바티칸 교황청에서도 3년에 걸쳐 논쟁을 거듭하여 내린 결론이라는 것입니다. 그들은 성서의 창조론에서부터 태도를 전환해야 현대인에게 믿음과 신뢰를 줄 수 있으며, 더불어 천주교도 영원한 종교적 값어치를 지닐 수 있다고 판단한 것입니다. 그러나 천주교만이 변화한 것은 아닙니다. 현대에 와서는 오히려 천주교보다 보수적이라는 기독교에서도 새로운 움직임이 나타나기 시작하였습니다.

5. 기독교 무신론

다음의 경우를 보면 좀더 구체적으로 기독교의 신관神觀의 변화에 대해서 알 수 있습니다.

연세대학교의 신학대학이 주최가 되어 신교, 구교를 막론하고 신부, 목사, 신학자들이 한자리에 모여서 '기독교의 신관新觀 연구'라는 제목으로 토의를 한 적이 있습니다. 이때 토의된 내용이 1966년 11월 1일자 〈조선일보〉에 보도되었는데, 그 기사 첫머리가 "오늘날 신은 새로운 도전과 시련 속에서 재창조 내지 재발견을 강요당하고 있다."로 시작하는, 당시 연세대학교 신학대학장인 서남동徐南同 교수의 글이 실렸습니다. 이 글은 '신은 죽지 않고 변모한다―거듭나지 않으면 매몰운명埋沒運命―'이라는 표제가 붙어져 있는데 그 내용을 간추리면 다음과 같습니다.

"20세기 기독교는 갱신更新이냐, 혁명이냐의 기로岐路에 섰다. …… 기독교 무신론無神論의 급진적 신학자들에 의하면 '신은 죽었다'는 것이다. 이천 년 동안의 기독교 초월신은 사라졌다. 신화적인 사고방식이나 형이상학적 사고방식을 떠나 역사적으로 일어나는 모든 것이 실재實在라고 하는 현대의 존재론存在論이 발전함에 따라 하나님의 존재에 대한 수정이 불가피하게 되었다. 기독교 무신론의 신학자들은 성부聖父가 죽고 성자聖子로 나타났고, 다시 성자聖子는 죽고 성령聖靈으로 나타났다는 것이다. 이제는 신이 새로운 양태樣態로서 나타났다. 역사적 예수가 또 형태 변화를 해서 만인의 얼굴과 손으로 분신화신分身化身하는 성령이 되었다. 따라서 지금은 성령의 시대다. 성령의 시대는 새로운 휴머니즘의 시대가 된다. …… 현대는 우주시대다. 기독교는 과학 및 기계문명이 급속도로 발전해 온 현대에 적응하기 위해 형태 변화를 해야 한다. 이 새 환경에서 기독교가 거듭나지 아니하면 그것은 역사적 기록보관소의 종교목록대장에 매몰되고 말 것이다. …… 오늘의 급진적 신학자들은 기독교의 신약성경 약속이 가톨릭, 프로테스탄트에 다음가는 제3의 기독교로 성취된다고 주장한다. 이들은 또 한번의 출애굽을 시도하려는 것이다."

기독교의 성경에 따르면 그들의 하나님, 곧 신은 절대자이며 전지전능한 분입니다. 그리하여 기독교인은 인간의 모든 것은 하나님의 섭리에 의해 주관된다고 믿어 왔습니다. 이 믿음이 지금까지 기독교를 지탱해 온 기반입니다. 그러나 우주과학 시대에 살고 있는 현대인에게 성경에서 묘사하고 있는 신화적 신은 더이상 절대자나 전지전능자로 용납될 수 없는 상황에 이른 것입니다. 현대인들은 과학적이고 논리적인 이론 체계가 뒷받침되지 않은 신은 결코 그들의 정신적 지주로 받아들일 수 없기 때문입니다. 따라서 만일에 기독교가 옛날처럼 계속해서 신화적인 신만을 고집한다면 기독교는 역사의 한 페이지에서 한갓 기록으로나 남게 될지도 모른다는 것입니다.

그래서 이러한 상황을 벗어나기 위해 신화적 신이 아닌 새로운 신을 재발견하거나 재창조해야 한다고 강조하였습니다. 이렇게 해서 나온 것이 바로 성령론聖靈論입니다. 성령론에 의하면 성경에서 말하는 하나님은 죽어서 없고 예수도 죽어서 없다고 합니다. 그러나 비록 그들이 죽고 없지만 그냥 없어진 것이 아니라 예수가 형태 변화를 해서 성령으로 이 세상의 모든 사람들에게 분신화신分身化身하고 있다고 합니다. 각 사람마다 다 성령이 있으니 이 성령 속에서 하나님을 찾자고 부르짖고 있습니다. 물론 성령에 대해서는 기독교 내에서도 서로 다른 여러 가지 해석이 있지만 여기서는 절대적인 하나님 곧 초월신이 아닌, 인간에 내재한 내재신內在神이라는 의미로 받아들일 수 있습니다. 이것은 곧 인간이 하나님이고 인간 속에 하나님의 절대성이 들어 있음을 말합니다. 불교에서 모든 사람에게 다 불성佛性이 있다 하는 것과 통하는 이야기가 됩니다.

이러한 기독교 무신론을 주장하는 진보적·급진적 신학자들에 대해 보수 교단의 목사들은 심한 반발을 보이고 있습니다. 그러나 과학이 극도로 발달된 오늘날에도 초월적인 신의 존재만을 계속 주장한다면 기독교는 언젠가는 이 현실 사회에서 파멸되고 말 것입니다. 그렇기에 현대인이 납득할 수 있는 하나님을 새롭게 인식하여야 하며, 그러기 위해서는 또 한번의 출애굽을 해야 한다고 서남동 교수는 결론적으로 말하고 있습니다. 애굽에서 압박받던 유대 민족이 모세의 지도로 젖과 꿀이 흐른다는 가나안으로 탈출하였듯이, 오늘의 기독교도 새롭게 해석된 신을 재발견하고 기독교를 새롭게 발전시켜 나가야 한다는 것입니다.

강원룡姜元龍 목사라고 하면 종교인협회 회장을 역임한 권위 있는 분으로 알려져 있습니다. 그 분이 어느 잡지에 '과학 앞에 사라진 신神'이라는 제목의 글을 썼습니다. 그 글에서 그는 "저 푸른 허공을 아무리 쳐다보고 쳐다보아도 거기에는 천당도 없고 하나님도 없다."고 말하였습니다. 그는 하나님을 '노인'이라고 표현하면서 성경에서 말씀한 하나님을 보려고 망원경을 설치해 놓고 눈을 닦고 보아도 보이지 않더라는 것입니다. 과학의 발달에 따라 여러 가지 면에서 검토해 본 결과 신이 저 허공에 없다는 것만은 분명하니 거기에 대해서는 주장하지 말자고 하였습니다. 또 죽은 송장에게 매달리듯 사라진 신에 연연해하지 말고 예수교의 나아갈 길을 달리 모색해야 한다고 말하였습니다. 그러면서 예를 들어 말하기를, 미국에서 신부들에게 설문지를 돌려 조사해 보니 90퍼센트 이상이 신에 대해 회의를 느껴 많은 이가 성직을 바꾸고 싶다고 말하더라는 것입니다. 신부들은 그전에는 하나님이 천당에 계시는 줄 알고 자신 있게 '하나님이 천당에 계시니 믿으라'고 했지만 이제는 그럴 수 없다고 합니다. 하나님은 허구일 뿐, 존재하지 않음을 알고 난 다음에는 더이상 신자들에게 믿음을 강요할 수 없다는 것입니다.

강원룡 목사는 이러한 상황에서 어디서 하나님을 찾을 것인가에 대한 해답을 제시했습니다. 그것은 예수가 한평생 남을 위해 살았듯이 남을 위하여 사는 정신이 바로 하나님이라는 것입니다. 그리하여 남을 위하여 노력하고 살면 그 사람은 바로 하나님을 믿는 사람이며, 그것이 바로 천당이라고 결론을 내렸습니다. 이와 같은 기독교의 변화는 비단 우리나라에서만 일고 있는 것이 아닙니다. 오히려 미국과 유럽에서는 더욱 심각하여 현대가 해결해야 할 커다란 과제로 남아 있습니다.

비슷한 문제로 세계적인 파문을 일으킨 일이 또 있습니다. 〈타임 Time〉지가 '신은 죽었는가' 하는 표제로 실은 기사가 바로 그것입니다. 그 글은 '신은 없다' 하여 무신론을 주장하고 나섰는데, 〈타임〉지는 이 글을 발표하기 위하여 3년 동안 연구하였다고 합니다. 곧 그동안 세계의 유명한 신학자들을 방문하여 많은 의견을 듣고 종합한 결과 신은 죽었다는 결론을 내리게 된 것입니다. 그 기사는 이 주장에 반대하는 사람들의 글도 함께 실었는데, 그들의 이야기는 '신이 있고 없음은 인간의 차원을 떠난 문제인 만큼, 과학이니 철학이니 하면서 공연히 무신론無神論을 주장하지 말라. 우리들 인간은 무조건 신을 믿는 것이다. 믿기만 하면 된다'는 것이었습니다. 결국 그들은 불합리하기 때문에 믿는다고 말합니다.

어찌되었든 그때에 〈타임〉지가 낸 그 특집기사의 지배적인 주장은 "하나님은 없다"는 내용이어서 세계적으로 큰 충격을 주었습니다. 우리나라 각 신문에도 그 내용이 소개되었고, 기독교 내에서도 '기독교 무신론'이라는 부제를 붙여서 발표하기도 하였습니다.

현실을 떠난 절대 세계나 현실을 떠난 초월신은 실질적으로 존재할 수 없습니다. 그래서 상대를 떠난 절대 세계라든지 현실을 떠난 초월신을 주장하던 종교 사상은 점차로 그러한 논리를 버리고 교리를 다른 방향에서 새롭게 재창조하고 있습니다.

시대를 좀더 거슬러 올라가면 대철학자인 니체가 "신은 죽었다"고 말하여 파문을 일으킨 적도 있습니다. 그때만 해도 기독교 사회에서는 수천 년 동안 내려온 신에 대한 믿음을 간직하고 있던 터라, 신이 완전히 죽어서 없어졌다는 그의 선언은 매우 충격적이었습니다. 그러나 생각해 보면, 본래부터 없던 신을 있는 것으로 잘못 믿어 오다가 뒤늦게 없다는 사실을 알아낸 것뿐인데, 마치 신을 죽이고 살리고 하는 듯한 그런 말은 사실 우스운 이야기입니다. '죽었다'는 말은 그전에는 살아 있었음을 전제하기 때문입니다. 비록 뒤늦게나마 신이 존재하지 않음을 알았다면 그전까지의 잘못된 믿음을 버리기만 하면 될 터인데 말입니다.

과학이 발달하고 사람의 지혜가 발달하면서 신이 인간을 창조한 것이 아니라 인간이 신을 창조하였으며 신은 없다는 사실을 알게 되자, 새삼 "신은 죽었다"는 선언까지 나오게 된 것입니다. 사람의 지혜가 그러한 사실을 꿰뚫어볼 만큼 발달하기 전에는, 인간의 관념이 만들어낸 가상假想의 존재에 지나지 않는 신 앞에 무릎을 꿇고 절을 해온 것입니다. 어떤 사람은 인간이 신을 창조한 것이기 때문에 사람이 신을 그릴 때 사람 모양을 그린다고 합니다. 만약 개나 소에게 신을 그리라고 하면 개나 소 모양으로 그릴 것이라고 합니다. 그 말은 상당히 그럴 듯한 이야깁니다. 결국 신은 없는 것인데 사람들이 쓸데없는 환상을 일으켜서 관념 속에서 신을 만들어 놓고 이런저런 식으로 해석해서 혼란을 일으켰던 것입니다. 이제 처음부터 없는 것인 줄을 알게 되었다면 그것을 포기해야 할 것입니다. 거짓인 줄 알면서 거짓을 고집한다면 그것은 실지로 파멸과 자살로 이끄는 행동일 따름입니다.

그러므로 어떤 종교든지 신을 전제로 하는 종교는 그 사상을 포기하고 다시 전환하여 새로운 활로를 개척해야 할 것입니다.

6. 극락설

그렇다면 불교도 역시 종교인데, 영원한 행복에 대해서 어떻게 이야기하는지 알아볼 필요가 있습니다. 또한 불교에서 말하는 영원한 행복을 얻는 방법에는 불합리한 점이 없는지, 그래서 요즘의 현실에 비추어 볼 때 납득이 안 되는 믿음을 강요하는 점은 없는지 살펴보아야 할 것입니다. 그에 대해 결론부터 말하자면, 아무리 우주과학 시대라고 하더라도, 또 앞으로 아무리 많은 세월이 지나가더라도 불교 자체는 현실적으로 아무런 구애받음이 없다는 것입니다. 이렇게 말하면 어떤 사람은 다른 종교는 그릇되었다 말하면서 자신의 종교인 불교만 옳다 한다고 반발할지도 모르겠습니다.

지금까지 불교가 펼쳐 온 사상이 허위에 차고 거짓투성이라면, 기독교가 절대신을 부정하였듯이, 불교도 마땅히 팔만대장경을 버리고 다시 새로운 터를 닦아 그 위에 집을 지어야 할 것입니다. 불교라고 예외일 수가 없기 때문입니다. 따지고 보면 불교의 경전에도 거짓은 있긴 하지만, 그것은 방편方便이라 하여 무지한 중생을 올바른 곳으로 인도하기 위한 수단에 불과합니다.

그런 방편으로 '극락'이라는 것이 있습니다. 서쪽으로 서쪽으로 자꾸 가면 그곳에 극락세계가 있는데, 그곳을 서방정토西方淨土라고 부른다고 했습니다. 그렇다면 저 하늘 위에 있다는 천당은 거짓말이고 서쪽으로 가면 있다는 극락세계는 진짜인가 하는 의심이 생길 수도 있습니다. 그러므로 우선 극락세계가 어떤 곳인지 살펴보아야 할 것입니다. 망원경을 이용하여 찾아보든지 어떻게 하든지 먼저 살펴보고 나서 옳지 않으면 믿지 않아야 할 터이고, 만일에 옳다면 누구든지 그곳으로 가서 영원한 행복을 찾도록 노력해야 할 것입니다.

극락세계를 자세하게 설명한 불교 경전으로 정토삼부경淨土三部經 중에 『무량수경無量壽經』과 『관무량수경觀無量壽經』이 있으며 또 『무량수의궤경無量壽儀軌經』이라는 것이 있습니다. 『무량수경』에서는 저 서방세계를 지나 끝없이 가면 극락세계가 있는데 그곳에 가면 영원하고 절대적인 행복을 누린다고 했습니다. 이 삼계화택三界火宅, 사생고해四生苦海의 사바세계에 집착하지 않고 부지런히 염불을 하면 극락세계로 갈 수 있다는 것입니다. 이 경에서 묘사하고 있는 극락세계의 장엄은 참으로 대단하여 천당과는 비교도 안 됩니다. 그런 극락세계에 누구든지 "나무아미타불"만 지극하게 부르면 갈 수 있다고 합니다. 다만 여기에 한 가지 조건이 붙습니다. 5역죄五逆罪를 지은 사람, 곧 부모를 죽이거나 대성인을 죽인 사람 또는 교단 화합을 파괴하거나 바른 불법을 비방한 사람 등은 아무리 아미타불을 불러도 극락세계에 갈 수 없다고 합니다. 그런데 『관무량수경』에서는 그와 달리 극락세계를 아홉 등급[九品]으로 나누고서 5역죄를 지은 사람이나 정법을 비방한 사람이라도 극락세계에 갈 수는 있는데 그런 사람은 가장 낮은 등급인 하품하생下品下生에 간다고 말합니다. 또 『무량수의궤경』에서는 5역죄뿐만 아니라 그보다 더 중한 죄를 지었다 해도 아미타불을 열심히 부르면 상품상생上品上生의 가장 좋은 극락세계에 갈 수 있다고 합니다.

이것을 보면 서방정토西方淨土라고 하는 극락세계에 가는 자격에 대해서 제각기 말이 조금씩 다른 것을 알 수 있습니다. 『무량수경』에서는 5역죄를 지은 사람은 극락세계에 못 간다고 해 놓았는데, 『관무량수경』에서는 하품하생에는 갈 수 있다고 하다 『무량수의궤경』에서는 상품상생에까지도 갈 수 있다고 해 놓았으니, 어느 것이 진실인지 분별할 수가 없습니다.

그런데 『관무량수경』의 끝부분을 보면 "서쪽으로 가면 극락세계가 있는데 거기에 있는 부처님은 법계장신法界藏身이다."라고 되어 있습니다. 여기서 말하는 법계法界란 시방十方의 법계이니, 곧 부처님 몸이 시방 법계에 가득 차서 그 어느 곳이나 부처님이 안 계신 곳이 없다는 뜻입니다. 이 말씀은 극락세계가 서방西方에만 있는 것이 아니고, 동방東方에도 있고, 북방北方에도 있고, 남방南方에도 있고, 땅 밑이나 하늘 위나 없는 곳이 없다는 의미로 해석할 수 있습니다. 온 시방세계十方世界가 부처님으로 가득 차 있고 부처님이 안 계신 곳이 없다는 것입니다.

이것을 불교에서는 '마음이 곧 부처이며, 마음이 부처가 되는 것[是心是佛, 是心作佛]'이라고 합니다. 다시 말하면 다른 것이 아미타불이 아니라, 일체 중생이 모두 다 가지고 있는 마음 그것이 바로 아미타불이라는 것입니다. 또 마음이 부처님인 것이지 마음을 내놓고 달리 부처를 구하려는 것은 마치 불 속에서 얼음을 구하려는 것과 마찬가지라는 것입니다. 그렇습니다. 부처가 달리 있는 것이 아니라 바로 마음이 부처인 것입니다. 이때의 '마음'이라고 하는 것은 개인의 육단심肉團心을 말하는 것이 아니라, 시방에 가득 차 있어 유정有情, 무정無情이 똑같이 갖고 있는 그 마음을 말합니다. 곧 유정도 부처님 마음을 갖고 있고 무정도 부처님 마음을 갖고 있으니 그것이 곧 법계장신法界藏身이며 아미타불이라는 것입니다.

그러면 처음부터 부처님은 시방세계에 가득 차 있어서 안 보려야 안 볼 수 없고 피하려야 피할 수 없다고 밝히지 않고, 왜 서방西方에 있다고 하면서 그곳에 갈 수 있느니 없느니 하고 빙빙 돌려서 말씀했는가? 그것은 앞에서도 이야기했듯이 하나의 방편설方便說입니다. 사람들의 지혜가 발달되기 전에는 그 지혜의 정도에 맞추어서, 그 사람이 이해하기 쉽게 또 그 사람의 지혜를 향상시키기 위해서, 부득이 사실과 꼭 같지는 않지만 이야기를 거짓으로 꾸며서 전해 주어야 합니다. 그렇게 선의의 거짓말을 해 가면서 지혜를 자꾸자꾸 향상시켜 가면 마침내 참말을 이해할 만큼 성장하게 됩니다. 그때에는 지금까지 한 말은 참말을 알게 하기 위한 거짓말임을 일깨워 줍니다. 이렇게 하는 것을 방편설方便說 또는 방편가설方便假說이라고 합니다.

사실 아무것도 모르는 사람에게 지금 살고 있는 현실 이대로가 극락이라고 하면, 그는 미친 소리라고 비웃거나 아니면 화를 낼 것입니다. 지금 이렇게 고생하면서 살고 있는데 여기가 극락이라니 마치 사람을 놀리는 말처럼 들릴 것입니다. 그래서 그는 끝까지 현실 이대로가 바로 극락세계라는 사실을 믿지 않고 그것은 거짓된 말이라고 부정할 것입니다.

그래서 이러한 사람들을 바로 가르치기 위해 "저 서방에 극락세계가 있으니 부지런히 아미타불을 외고 수행하면 그곳에 갈 수 있다."고 방편을 쓰는 것입니다. 그리하면 극락세계로 가기 위해서 열심히 아미타불을 부르며 수행에 열중하게 될 터이니 말입니다. 이렇게 염불을 부지런히 외면서 수행에 힘쓰다 보면, 그러는 사이에 지식이 늘고 지혜가 향상되면서 부처님 말씀을 이해하는 힘이 차츰차츰 커지게 됩니다. 그리하여 얼마 뒤에 부처님의 말씀을 완전히 이해할 수 있는 때에 이르면, 앞에서 일러준 말은 방편일 따름이요, 사실은 시방세계 이대로가 극락이며 모든 중생이 바로 부처이니 유정과 무정이 모두 부처님 아닌 것이 없음을 가르쳐 줍니다. 그러면 그들은 비로소 모든 것을 전체적으로 이해하게 되는 것입니다.

7. 일승법

그 방편에 대해 가장 유명한 것이 『법화경』입니다. 『법화경』은 부처님이 49년 동안 설법한 말씀의 총 결산이라 할 수 있는데, 여기에서 가장 골자가 되는 것이 바로 「방편품方便品」입니다. 거기에 보면 "시방세계 국토 중에 오직 일승법만이 있다[十方國土中 唯有一乘法]."고 하고 있습니다.

일승법이란 이 세상에 부처님 아닌 것이 없고, 극락세계 아닌 곳이 없다는 말입니다. 그러나 중생을 교화하고 구원하기 위해 이승二乘, 삼승三乘의 방편을 설하셨습니다. 그리고 방편설은 비록 사실 그대로의 참말은 아니지만 수단으로서 인정한다고 적혀 있습니다. 결국 일승을 말씀하시기 위해 이승과 삼승을 설하신 것입니다.

중국의 유명한 육조六祖스님도 극락세계에 대해 "부처님이 극락세계에 대해 말씀하셨는데 이것은 분명히 방편에 지나지 않는다. 왜냐하면 그것이 만일에 사실이라면 동방 사람은 염불을 하면 서방의 극락세계로 갈 수가 있다고 하지만, 서방 사람은 염불을 하면 어디로 갈 것인가 하는 문제가 생기기 때문이다."라고 말했습니다. 또 "부처님은 아직 지혜가 성장하지 못한 사람들을 상대하였기 때문에 방편설을 쓰셨지만, 나는 지혜가 발달된 사람들만 상대하기 때문에 방편을 쓰지 않는다."고도 하였습니다. 결국 육조스님의 뜻은 서방 극락세계는 실재하지 않고, 오직 내 마음이 부처라는 것입니다. 다시 말해서 마음 그대로가 극락세계이며, 자성自性 그대로가 아미타불이라는 것입니다. 극락세계도 내 마음속에 있고 아미타불도 내 마음속에 있으니, 서방이든 동방이든 보지 말고 어떻게 해서든지 마음속에 있는 극락세계를, 마음속에 있는 아미타불을 찾으라는 것입니다.

앞에서 우리가 종교를 믿는 것은 영원한 행복을 추구하기 때문이라고 말했습니다. 그런데 현실에서는 그 행복을 달성할 수가 없기 때문에 종교는 극락이니 천당이니 하는 방편을 설정해 놓고 거기에 가면 행복을 찾을 수 있다고 말해 왔습니다. 그러나 이제는 더 이상 방편을 쓸 필요가 없게 되었습니다. 위로 올라가는 천당은 거짓말이고 옆으로 가는 극락은 참말이라고 한다면 세상 사람들이 무어라고 하겠습니까? 요즈음에는 아이들도 극락이니 천당이니 하면 믿지를 않습니다. 그래서 어떤 종교는 교리를 바꾼다느니 새 시대에 맞게 그 뜻을 재해석한다고 하지만, 불교는 그럴 필요가 없습니다. 다만 그동안 어리석은 사람들을 위해 써 왔던 방편가설을 버리기만 하면 됩니다. 방편가설을 버리면 남는 것은 앞에서 이야기한 일승一乘인데 그곳으로 바로 들어가면 됩니다. 다시 말하면 현실 이대로가 절대이고 극락세계이고 천당이며, 중생 모두가 하나님 아님이 없고 부처님 아닌 사람이 없음을 바로 이해하기만 하면 됩니다.

곧 불교의 기본 태도는 일승법인데, 현실 이대로가 절대라는 사실이 객관적으로 증명이 되면 우리는 불교를 더 잘 이해할 수 있고 바로 부처님 법 위에서 영원한 행복을 누릴 수 있습니다. 앞으로 여기에 대해 좀더 자세히 이야기하고자 합니다.

제2편
중도의 세계

1장 불생불멸不生不滅의 세계
2장 중도의 원리

중도, 이것이 불교의 근본 사상입니다. 중도라는 것은 모순이 융합되는 것을 말하며, 모순이 융합된 세계를 중도의 세계라 합니다.

1장_불생불멸不生不滅의 세계

1. 불생불멸과 등가원리

일체 만법이 나지도 않고
일체 만법이 없어지지도 않나니,
만일 이와 같이 알 것 같으면
모든 부처님이 항상 나타나리라.
一切法不生
一切法不滅
若能如是解
諸佛常現前

이것은 「화엄경」에 있는 말씀으로 불교의 골수를 드러내 보이는 말입니다. 결국 팔만대장경 안에 부처님 말씀이 그렇듯 많고 많지만, 그것을 한마디로 줄이면 '불생불멸不生不滅'이라고 할 수가 있습니다. 부처님께서는 바로 이 불생불멸을 깨치셨으니, 불생불멸은 불교의 근본 원리인 것입니다. 이것을 이해할 수 있도록 자세히 설명하면 팔만대장경이 다 펼쳐지게 되는 것입니다.

그런데 상식적으로 생각해 보면 세상의 만물은 모두가 생자필멸生者必滅의 원리를 따릅니다. 곧 난 자는 반드시 없어지게 마련입니다. 이렇듯 세상에 한번 태어난 것은 결국 없어질 수밖에 없는데 어째서 불생불멸이라 하여 모든 것이 나지도 않고 없어지지도 않는다고 하는 것입니까? 그야말로 새빨간 거짓말이 아닙니까? 거짓이 아니라면, 세상에 생자필멸 아닌 것이 무엇이 있습니까? 무엇이든지 났다고 하면 다 죽는 판입니다. 그런데 왜 부처님은 모든 것이 다 불생불멸이라고 하신 것인지, 그 까닭을 분명히 제시해야 되지 않느냐 말입니다. 그것도 당연한 생각입니다.

이것을 참으로 바로 알려면 도를 확철히 깨쳐야만 합니다. 일체가 나지도 않고 일체가 멸하지도 않는 이 도리를 바로 알면 그때는 아무 관계가 없습니다. 그렇게 되기 전에는 누구든지 의심을 안 하려야 안 할 수 없습니다.

일체 만법, 곧 모든 것이 불생불멸이라면 이 우주는 어떻게 되겠습니까? 그것은 상주불멸常住不滅입니다. 그래서 불생불멸의 이 우주를 불교에서는 상주법계常住法界라고 하는데 항상 머물러 있는 법의 세계라는 말입니다.

『법화경』에서는 이렇게 말씀하셨습니다.

이 법이 법의 자리에 머무르나니
세간상 이대로가 상주불멸이니라.
是法住法位

世間相常住

여기에서 말하는 '이 법'은 불생불멸의 법을 말합니다. 곧 천삼라天森羅, 지만상地萬象이 모두가 불생불멸의 자리에 있어서 세간의 모습 이대로가 늘 머물러 없어지지 않는다는 것입니다. 세간의 모습은 언제나 시시각각으로 나고 없어지지만, 그것은 다만 겉보기일 뿐이고, 실제의 내용에서는 우주 전체가 불멸이니 그것이 바로 모든 것의 참모습입니다.

이것을 또 『화엄경』에서는 무진연기無盡緣起라고 합니다. 곧 한없이 연기할 뿐 그 본래의 모습은 모두가 불생불멸이며 동시에 이 전체가 다 융화하여 온 우주를 구성하고 아무리 천만번 변화를 거듭하더라도 상주불멸 그대로라는 말입니다.

그래서 이것을 바로 알면 불교를 바로 아는 것이며, 아울러 불교의 모든 문제가 다 해결됩니다. 그러나 이것을 바로 알지 못하면 불교에 대해서 영영 알 수가 없습니다. 그렇다면 누구든지 불교를 알기 위해서는 산중에 들어와 눈감고 앉아서 참선을 하거나 도를 닦아야 하는데, 그것이 또한 문제가 아니냐고 물을 수도 있습니다. 도를 깨치기 전에는 불생불멸하는 이 도리를 확연히 알 수 없다 하더라도, 요즘은 과학만능 시대이니까 불교에서 말하는 불생불멸의 도리를 과학적으로 근사하게 풀이해 보일 수가 있다 이 말입니다. 그렇다면 불생불멸이 과학하고 무슨 관계가 있는가?

자고로 여러 가지 철학도 많고 종교도 많지만, 불생불멸에 대해서 불교와 같이 이토록 분명하게 주장한 철학도 없고 종교도 없습니다. 그래서 이 불생불멸이라는 것은 불교의 전용이요, 특권으로 되어 있었습니다. 그런데 과학이 자꾸 발달하여서 요새는 불교의 불생불멸에 대한 특권을 과학에 빼앗기게 되었습니다.

어째서 빼앗기게 되었는가?

과학 중에서도 가장 첨단과학인 원자물리학에서 자연계는 불생불멸의 원칙 위에 구성되어 있음을 실험적으로 증명하는 데 성공해 버린 것입니다. 말이 좀 어렵게 되는 것인지 모르겠는데, 이 이론을 처음으로 제시한 사람이 누구냐 하면 바로 아인슈타인Einstein입니다. 아인슈타인이 상대성이론에서 등가원리等價原理라는 것을 제시했습니다.

자연계는 에너지와 질량, 이 두 가지로 구성되어 있는데, 고전 물리학에서는 에너지와 질량을 각각 분리해 놓고 보았습니다. 그러나 아인슈타인의 등가원리에서는 결국 에너지가 곧 질량이고 질량이 곧 에너지입니다. 서로 같다는 것입니다. 그래서 그전에는 에너지에서는 에너지 보존법칙, 질량에서는 질량불변의 법칙을 가지고 자연현상의 모든 것을 설명하였는데, 요즈음은 에너지와 질량을 분리하지 않고 에너지 보존법칙 하나만 가지고 설명을 합니다. 사실 그 하나밖에 없습니다. 곧 질량이란 것은 유형의 물질로서 깊이 들어가면 물질인 소립자素粒子이고, 에너지는 무형인 운동하는 힘입니다. 유형인 질량과 무형인 에너지가 어떻게 서로 전환할 수 있는가? 그것은 상상도 못하던 일입니다.

50여 년 전 아인슈타인이 등가원리에서 에너지와 질량 두 가지가 별개의 것이 아니고 같은 것이라는 이론[$E=mc^2$]을 제시하였을 때, 세계의 학자들은 모두 다 그를 몽상가니 미친 사람이니 하였습니다. 에너지와 질량이 어떻게 같을 수 있느냐는 것이었습니다. 그러나 학자들이 수십 년 동안 연구하고 실험에 실험을 거듭한 결과 마침내 질량을 에너지로 전환하는 데 성공했습니다.

그 성공의 첫 응용단계가 우리가 다 아는 원자탄, 수소탄입니다. 질량을 전환시키는 것을 핵분열이라고 하는데 핵을 분열시켜 보면 거기에는 막대한 에너지가 발생한다고 합니다. 그때 발생되는 에너지, 그것이 원자탄인 것입니다. 이것은 핵이 분열하는 경우이고, 거꾸로 핵이 융합하는 경우에도 그렇습니다. 수소를 융합시키면 헬륨이 되면서 거기에서 막대한 에너지가 나온다고 합니다. 이것이 수소탄이 되는 것입니다.

어쨌든 그전에는 에너지와 질량을 완전히 분리하여 별개의 것으로 보았지만, 과학적으로 실험한 결과, 질량이 에너지로 완전히 전환한다는 것이 입증되었습니다. 그리하여 원자탄이 나오고 수소탄이 나온 것입니다. 그런 실험에 처음으로 성공한 사람은 미국의 유명한 물리학자 앤더슨Carl D. Anderson이라는 사람으로, 그는 에너지를 질량으로 또 질량을 에너지로 전환하는 실험에 성공하였습니다. 그러나 그 실험은 광범위하지 못하였습니다.

그 뒤에 세그레Emilio Segre라는, 무솔리니에 쫓겨서 미국에 간 유명한 이탈리아의 학자가 있었습니다. 그 사람은 여러 방법으로 실험한 결과 여러 형태의 각종 에너지가 전체적으로 질량으로 전환되고 또 각종 질량이 전체적으로 에너지로 전환되는 것을 입증했습니다.

이것은 물과 얼음에 비유하면 아주 알기 쉽습니다. 물은 에너지에 비유하고 얼음은 질량에 비유합니다. 물이 얼어서 얼음이 되면 물은 없어진 것입니까? 물이 얼어서 얼음으로 나타났을 뿐 물은 없어지지 않았습니다. 얼음이 녹아서 물이 되면 얼음은 없어진 것입니까? 얼음이 물로 나타났을 뿐 얼음은 없어지지 않았습니다. 결국 물이 얼음으로 나타났다 얼음이 물로 나타났다 할 뿐이고, 그 내용을 보면 얼음이 곧 물이고 물이 곧 얼음인 것입니다. 에너지와 질량 관계도 이와 꼭 같습니다. 에너지가 질량으로 나타나고 질량이 에너지로 나타날 뿐, 질량과 에너지는 별개의 것이 아닙니다. 이것은 처음에는 상대성이론에서 제창되었지만 양자론量子論에도 여전히 적용됩니다.

에너지가 완전히 질량으로 전환하고 질량이 완전히 에너지로 전환할 때 나타나는 현상을 쌍생쌍멸雙生雙滅이라고 합니다. 모든 에너지가 질량으로 변할 때 언제든지 쌍雙으로 변하는 현상을 쌍생성이라고 합니다. 앤더슨의 실험에서도 광光에너지를 물질로 전환시킬 때 양전자와 음전자가 쌍으로 나타났습니다. 또 양전자와 음전자를 합하니까 완전히 쌍으로 없어져 버렸습니다. 에너지가 질량으로 전환할 때는 쌍생雙生이고, 질량이 에너지로 전환할 때는 쌍멸雙滅이 됩니다. 이것은 중도의 공식, 곧 쌍으로 없어지고 쌍으로 생기는 쌍차쌍조雙遮雙照로 변한다고 할 수 있습니다.

무형인 에너지가 유형인 질량으로 전환할 때 음전자와 양전자가 쌍으로 나타나니까 쌍생雙生이 되고, 이것은 곧 쌍조雙照에 해당합니다. 또 유형인 질량 곧 양전자와 음전자가 쌍으로 없어지면서 무형인 에너지로 전환하니까 쌍멸雙滅이 되고, 이것은 곧 쌍차雙遮에 해당합니다. 이처럼 쌍으로 없어지면서 한쪽이 생기고, 또 쌍으로 생기면서 한쪽이 없어집니다. 불교에서 말하는 쌍차쌍조의 공식이 에너지와 질량이 전환하는 이론으로 완전히 증명이 됩니다.

동양사상을 잘 아는 일본의 물리학자들은 에너지와 질량의 관계가 불생불멸이요, 부증불감 그대로라고 아주 공공연히 말합니다. 질량 전체가 에너지로 나타나고 에너지 전체가 질량으로 나타나는 이런 전환의 전후를 비교해 보면 전체가 서로 전환되어서 조금도 증감이 없습니다. 곧 부증불감不增不減입니다. 불생불멸이니 마땅히 부증불감이 아니겠습니까. 그러나 서양 사람들은 불교에 대해서 잘 모르는 탓에 이런 표현을 그대로 말하지는 못해도, 그 내용은 꼭 같은 말로서 에너지와 질량 관계가 보존된다고 합니다. 보존된다는 것은 없어지지 않는다는 말입니다.

불생불멸, 부증불감의 세계를 불교에서는 법의 세계, 곧 법계라고 합니다. 항상 머물러 있어서 없어지지 않는 세계, 상주법계라는 말입니다. 이처럼 에너지와 질량의 등가원리에서 보면 우주는 영원토록 이대로 상주불멸이며 상주법계입니다. 그래서 자연계를 구성하고 있는 근본 요소인 에너지와 질량이 불생불멸이며 부증불감이라는 것입니다. 이렇게 되면 자연계는 어떻게 되겠습니까? 자연계 곧 우주법계라는 것은 근본적으로 에너지와 질량 두 가지로 구성되어 있는 만큼, 에너지가 곧 질량이고 질량이 곧 에너지여서 아무리 전환을 하여도 증감이 없이 불생불멸 그대로입니다. 이렇게 하여 우주는 이대로가 불교에서 말하는 상주불멸이 아니려야 아닐 수 없습니다.

그러면 아인슈타인의 등가원리가 나오지 않았으면 불생불멸은 거짓말로 남아야 합니까? 그것은 아닙니다. 부처님께서는 3,000년 전에 진리를 깨쳐서 이루 말할 수 없는 혜안慧眼으로 우주 자체를 환히 들여다본 그런 성인이십니다. 그래서 일체 만법 전체가 그대로 불생불멸임을 선언하였던 것입니다. 그러나 보통사람들은 그런 정신력을 갖지 못했기 때문에 3,000여 년 동안을 이리 연구하고 저리 연구하고 연구와 실험을 거듭한 결과, 이 자연계를 구성하고 있는 근본 요소인 에너지와 질량이 둘이 아니고 질량이 에너지이고 에너지가 질량인 동시에 서로 전환하면서 증감이 없음을 마침내 알아냄으로써, 부처님이 말씀하신 불생불멸이라는 그 원리가 과학적으로도 입증되기에 이른 것일 따름입니다.

지금 설명한 바와 같이, 불교의 근본 원리인 불생불멸이 상대성이론에서 출발하여 현대 원자물리학에서 과학적으로 완전히 증명된 것입니다. 이것만을 보아도 이 불교 원리가 현실에 적용되지 않는다는 말은 나올 수가 없을 것입니다. 물론 과학이 불교 이론을 모두 증명해 준다고 하기에는 아직 이르지만, 과학이 발달함에 따라 불교 원리를 설명하는 데 많은 도움을 주고 있고 또 현대물리학이 불교에 자꾸 접근해 오고 있는 것만은 사실입니다.

2. 색공色空의 세계

1) 색즉공色卽空

『반야심경』에 이런 구절이 있습니다.

> 색이 공과 다르지 아니하고 공은 색과 다르지 않으며,
> 색은 곧 공이며 공은 곧 색이니라.
> 色不異空 空不異色
> 色卽是空 空卽是色

색色이란 유형有形을 말하고 공空이란 것은 무형無形을 말합니다. 유형이 곧 무형이고 무형이 곧 유형이라고 하였는데, 어떻게 유형이 무형으로 서로 통하겠습니까?

어떻게 허공이 바위가 되고 바위가 허공이 된다는 말인가 하고 반문할 것입니다. 그것은 당연한 질문입니다. 그러나 알고 보면 바위가 허공이고, 허공이 바위입니다.

어떤 물체, 보기를 들어 바위가 하나 있습니다. 이것을 자꾸 나누어 가다 보면 분자들이 모여서 생긴 것임을 알 수 있습니다. 분자는 또 원자들이 모여 생긴 것이고, 원자는 또 소립자들이 모여서 생긴 것입니다. 바위가 커다랗게 나타나지만 그 내용을 보면 분자 → 원자 → 입자 → 소립자로 결국 소립자 뭉치입니다. 그렇다면 소립자는 어떤 것인가? 이것은 원자핵 속에 앉아서 시시각각으로 '색즉시공色卽是空 공즉시색空卽是色' 하고 있습니다. 스스로 자기가 충돌해서 문

득 입자가 없어졌다가 문득 나타났다가 합니다. 인공으로도 충돌현상을 일으킬 수 있지만 입자의 세계에서 자연적으로 자꾸 자가충돌을 하고 있습니다. 입자가 나타날 때는 색色이고, 입자가 소멸할 때는 공空입니다. 그리하여 입자가 유형에서 무형으로의 움직임을 되풀이하고 있습니다. 그러므로 공연히 말로만 '색즉시공 공즉시색'이 아닙니다. 실제로 부처님 말씀 저 깊이 들어갈 것 같으면 조금도 거짓말이 없는 것이 확실히 증명되는 것입니다.

2) 4차원의 세계

또 요즘 흔히 4차원 세계에 관한 이야기를 많이 하는데, 아인슈타인의 '상대성이론'에 4차원四次元의 세계가 있습니다. 우리의 일상적인 인식의 공간 세계는 3차원의 세계인데 여기에 시간의 차원을 더하면 4차원이 됩니다. 3차원의 세계에서 볼 때는 시간과 공간이 따로 존재하지만, 4차원의 세계에서는 시간과 공간이 융합하여 있는 것입니다. 그러한 4차원의 세계에서는, 보기를 들어 금고 속의 돈을 금고 문을 열지 않고도 자유자재로 꺼낼 수 있으며, 또한 문을 닫아둔 채로 문 밖으로 나갈 수 있습니다. 생각만 하면 해인사에 앉아서 천리만리 밖에까지도 갈 수 있는 자유자재한 그런 세계인 것입니다. 학자들은 이 4차원의 세계를 신통자재한 홍길동의 이름을 따서 '홍길동의 세계'라고 표현하고 있습니다.

4차원의 세계가 처음 제창된 것은 아인슈타인의 상대성이론에서이지만 이것을 수학적으로 계산하여 완전한 체계를 세워 공식화한 사람은 소련의 민코프스키H. Minkowski라는 사람입니다. 그 사람이 4

차원 공식을 완성해 놓고 첫 강연에서 이렇게 선언했습니다.

"모든 존재는 시간과 공간을 떠났다. 시간과 공간은 그림자 속에 숨어 버리고 시간과 공간이 융합하는 시대가 온다."

모든 것은 시간과 공간 속에 존재하는 것 아닙니까? 보기를 들어 "오늘, 해인사에서……"라고 할 때에 '오늘'이라는 시간과 '해인사'라는 공간 속에서 이렇게 법문도 하는 것입니다. 그러나 3차원의 공간과 시간은 각각 분리되어 있는 것이 우리의 일상생활인데, 그런 분리와 대립이 소멸하고 서로 융합하는 세계가 있다고 하였습니다. 시간과 공간이 완전히 융합하는 세계, 그것을 4차원 세계라고 하는 것입니다.

그렇게 되면 결국은 어떻게 되는가?

『화엄경』에 보면 '무애법계無碍法界'라는 말이 있습니다. 무애법계라는 것은 양변을 떠나서 양변이 서로서로 거리낌 없이 통해 버리는 것을 말합니다. 다시 말해 시간과 공간이 서로 통해 버리는 세계입니다. 이것은 앞에서 말한 4차원의 세계, 곧 시간과 공간이 융합하는 세계로서 민코프스키의 수학공식이 어느 정도 그것을 설명해 주고 있습니다.

3) 초심리학

시간과 공간이 서로 융합하는 세계가 이른바 4차원의 세계인데, 이것은 결코 가공의 상상 속의 세계가 아닙니다. 인간의 능력을 자꾸 개발하여 가면 실제로 그런 세계에 들어갈 수 있고 또 그런 행동을 할 수 있는 것입니다.

요즈음에는 이 방면에 대해 많은 연구가 행해지고 있습니다. 이를테면 심리학에서는 초심리학Parapsychology이라는 분야에서 이것을 연구하고 있고 또 그에 대한 많은 실증적 연구 보고도 나오고 있습니다. 얼마 전에는 〈타임〉지에서 이에 관한 특집 기사가 나오기도 하였습니다. 과학이 가장 발달했다는 미국에서는 100여 개 대학에서 초심리학에 대한 정식 강좌를 열어 연구하고 있습니다. 또 소련은 유물론의 나라임에도 불구하고 160억 원이나 되는 막대한 예산을 편성하여 4차원의 과학을 연구·개발하고 있다고 합니다. 보기를 들어 군사 방면에서 잠수함이 바다 깊은 곳에 잠수했을 때 정신력으로 그 잠수함에 어떤 지시를 해보면 70퍼센트는 성공한다고 합니다. 우리의 상식으로 생각하면 정신력으로 무슨 지시를 할 수 있을까 하고 의아해하겠지만, 70퍼센트의 성공률이라면 대단한 것입니다. 한편 소련 땅의 서쪽 끄트머리인 모스크바와 동쪽 끄트머리인 블라디보스톡 사이에서 정신력에 의한 통신을 시도하였더니 서로 통하였다는 실험 결과도 나왔습니다. 더욱이 이 정신력에 의한 통신이 오히려 무선無線 통신보다 훨씬 더 힘이 강하고 전달이 빠르다고 합니다.

이와 같은 실험에서도 볼 수 있듯이 인간에게는 영원한 생명만이 있는 것이 아니고 무한한 능력이 있어서 이를 자꾸 개발하면 기적이라고 할 만한 것이 실제로 이루어지는 것입니다.

4) 무한한 정신력

무한한 정신력을 이용한 초능력의 보기는 그 밖에도 많이 있습니다. 그 가운데 영국의 캐논 경Sir Alexander Cannon의 캐논보고서에서 그런 보기를 볼 수 있습니다. 그는 본래 정신과 의사인데 영국 국가에서 주는 최고의 명예인 나이트Knight 작위까지 받은 대학자로서 영국, 프랑스, 이탈리아, 서독, 미국의 다섯 나라 학술원의 지도교수이기도 합니다. 그는 여러 권의 책을 저술했는데, 그 가운데 『잠재력 *The Power Within*』이란 제목의 캐논보고서에서 소개한 몇 가지 실험에 대하여 여기에서 잠시 소개하겠습니다. 그는 이런 실험을, 런던과 같은 대도시에서, 때로는 커다란 홀에 수많은 사람들을 모아놓고 하거나 때로는 많은 사람들의 요청으로 즉석에서 행하기도 하였습니다.

사람은 눈을 감으면 볼 수가 없습니다. 또 눈알이 빠져 버린 사람은 더더구나 볼 수가 없습니다. 눈 없는 사람이 어떻게 볼 수 있으며, 눈감고 무엇을 볼 수 있겠습니까? 그러나 인간이 지닌 본래의 능력, 본래의 시력은 눈을 뜨거나 감는 것과 관계가 없습니다. 눈을 떠야만 볼 수 있고 감으면 볼 수 없다는 것은 의식 세계에서 말하는 것입니다. 잠재의식을 거쳐 무의식의 세계로 들어가면 눈을 뜨거나 감거나, 눈이 있거나 없거나에 관계가 없습니다. 무의식의 세계에서는 두 눈이 빠져 버린 사람도 무엇이든 다 볼 수 있습니다. 이것이 인간이 지닌 본래의 시력이라고 캐논 경은 주장하고 있습니다. 그리고 실험을 해 보였습니다. 수많은 사람들이 보고 있는 가운데서 두 눈에 철판을 대고 수건으로 겹겹이 둘러 싸맵니다. 그런데도 무엇이든 다 보고 말하는 것입니다. 아무리 먼 거리에 있어도 모두 알아보는 것입니다. 철판을 눈에 대고 보는데 멀고 가까움이 무슨 상관이 있을 수 있겠습니까.

이런 것을 불교에서는 천안통天眼通이라고 합니다. 불교 경전에서 보면 천안이 가장 뛰어난 아나율阿那律, Aniruddha 존자라는 스님이 계시는데, 그는 수행할 때에 너무 졸음이 많이 와서 그것을 없애려고 전혀 잠을 안 자고 공부를 계속하다가 결국 두 눈이 멀고 말았다고 합니다. 그리하여 우리가 흔히 말하는 눈, 곧 육안肉眼은 없어졌지만, 그 대신에 마음의 눈인 심안心眼이 열려 삼천대천세계, 백억세계를 손바닥의 구슬처럼 환히 보게 된 것입니다. 그러한 아나율 존자의 천안에 견주면 요즈음의 200인치 망원경이라고 하는 것은 아무것도 아닙니다. 이리하여 부처님의 십대제자 가운데서 아나율 존자는 비록 육신의 눈은 없지만 천안이 가장 뛰어난 제자가 된 것입니다.

캐논 경은 눈이 없거나 시신경이 완전히 파괴되어 절대로 회복할 수 없는 사람이라도 결코 실망하거나 비관하지 말고 오직 무의식의 세계를 개척하라고 하였습니다. 무의식의 세계를 개척하면 눈이 있고 없는 것에 관계없이 모든 것을 다 볼 수 있는 것입니다. 무의식의 힘을 사용하면 남의 마음도 알 수 있습니다. 불교에서는 이를 타심통他心通이라고 합니다.

캐논 경은 이것에 대해서도 실험을 해 보였습니다. 사람들이 많이 모여 있는 가운데 한 사람이 나서서 질문을 합니다. 그런데 그 질문은 말이나 글로써 하는 것이 아니라 다만 머릿속에서 생각으로만 하는 것입니다. 그러면 캐논 경이 말로 대답하는 것입니다. 질문자가 머리 속에서 자기의 직업이 무엇인지 물으면 캐논 경은 그 사람의 직업을 말하고 또 나아가서 현재의 상황을 자세하게 설명합니다. 그뿐만 아니라 앞으로의 일까지도 내다보는 것입니다. 그리고 그가 한 말은 어김없이 다 맞는다고 합니다.

결국 이로 미루어볼 때 남의 마음뿐만 아니라 미래도 알 수 있다는 말이 됩니다. 이처럼 인간의 능력은 우리가 상상할 수 없을 정도로 무한하다는 것이 밝혀지고 있습니다.

달을 향하여 쏜 로케트나 우주선도 마찬가지입니다. 인간이 스스로 노력하고 개척한 결과 우주선을 개발하여 이전에는 엄두도 못 내던 달나라에까지 간 것이지, 미국사람만 타고 오라고, 소련사람만 타고 오라고 하나님이 보내준 것이 아닙니다. 그와 같은 능력이 우리 인간에게는 얼마든지 있으니, 앞으로 또 얼마나 더 큰 능력을 개발하게 될지 우리 인간 스스로도 알 수 없는 것입니다.

캐논 경은 또 다른 실험으로 육체적으로는 어떤 능력이 있는지를 알아보았습니다.

시체를 넣은 곽[槨]처럼 생긴 나무상자를 준비하고 상자의 앞, 옆, 위, 아래의 사방으로 구멍을 뚫어 놓고 이 상자 속에 피실험자가 누우면 뚜껑을 덮고 뚫어 놓은 구멍 속으로 칼을 찌릅니다. 그 상자는 보통 사람의 크기보다 약간 작게 만들어져 있으므로 그 속에 들어가 있는 한, 결코 칼날을 피할 수가 없게 되어 있습니다. 이렇게 되니 오장육부가 모두 칼날에 구멍이 생길 것은 당연지사입니다. 심지어 심장에 꽂힌 칼은 숨을 내쉬고 들이쉬는 동안 칼이 오르락내리락하기까지 했습니다. 그런데 칼을 빼고 상자를 열어 보면 그 안의 사람에게는 아무 상처도 없는 것입니다. 칼을 찌를 때도 아프다는 소리도 하지 않는 것입니다.

이 칼 상자보다 더 놀랍고 사람의 초능력의 깊이를 깨우쳐 주는 실험으로 생매장生埋葬이라는 것이 있습니다. 이 실험에서는 피실험자가 죽은 듯이 삼매에 들어갑니다. 의사가 검진하여 맥박도 끊어지고 호흡도 끊어지고 뇌파 검사에서 뇌활동도 완전히 정지되었음을 확인합니다. 이렇게 되면 이 사람은 죽은 것이 분명합니다. 이런 사람을 단단히 밀랍 포장하여 땅을 파서 묻어 버립니다. 그런데 여기에서 알아둘 것은 설사 죽지 않았다고 하여도 사람은 서너 시간만 땅에 묻어 두면 누구나 죽게 마련입니다. 한 시간이 아니라 불과 수 분이 지나도 다시는 깨어날 수 없게 됩니다. 그런데 이 실험에서는 시체를 묻어 놓고는 며칠, 몇 달 또는 일 년 동안이나 계속 놓아두는 것입니다. 그리하여 일 년이 지난 뒤에 미리 정해 놓은 시간에 파 보면 일 년 전에 의학적으로 죽었다고 판정받은 그 사람이 옷을 훌훌 털고 일어나는 것입니다.

캐논 경은 이 생매장 실험을 사람이 많이 모인 홀에서 실시하였습니다. 무대 위에 모래를 수십 짐을 져다 놓고, 그 속에 사람을 묻었습니다. 그리고 얼마 동안 기다렸습니다. 과연 미리 지정한 대로 15분이 지나자 모래더미에 묻어둔 사람이 툴툴 털고 일어나는 것이었습니다. 이처럼 우리 인간은 귀신도 탄복할 능력을 지니고 있는 것입니다.

이런 실험들을 통하여 볼 때 인간의 근본정신은 육체를 떠나 활동하고 있음이 확실합니다. 호흡이 끊어지고 맥박도 뇌 활동도 완전히 정지되었는데 어떻게 시간을 알고 깨어나겠습니까? 이것은 바로 우리의 근본적인 정신 작용은 뇌신경 세포의 활동에 관계없이 독립해 있음을 말해 줍니다. 또한 언제나 깨어 있다는 것을 보여 줍니다. 본디 무의식 상태라는 것은 언제나 죽지 않습니다. 설사 몸뚱이가 죽어 화장을 한다 하더라도 아무런 상관이 없는 것입니다. 몸뚱이는 없어져도 영혼은 독립해 있어서 윤회를 하고 환생을 하는 것입니다.

5) 정신감응

인간의 정신 능력은 한 개인에게만 작용하는 것이 아니라 타인에게도 강력한 힘을 발휘할 수가 있습니다. 이에 대하여 아브로체프스키라는 소련의 유명한 심리학자가 실험을 하였습니다. 그는 정신과 정신 간에 서로 통할 수도 있다는 데에 착상하여 다음과 같은 실험을 하였습니다.

피실험자가 있는 곳에서 한 2킬로미터쯤 떨어진 곳에서 어떤 사람이 피실험자가 자기 집으로 오도록 하기 위하여 그것만을 깊이 생각하는 것입니다. 아브로체프스키의 실험에서 피실험자는 여자였는데, 그 여자는 제 집안에서 피아노를 치고 있다가 뭔가 이상한 듯이 두리번거리기 시작하였습니다. 그러다가 피아노 치던 것을 멈추고 밖으로 몇 번 들락날락하더니 대문 밖으로 나갔습니다. 감시하던 사람들이 따라가 보니 과연 그 여자는 자기를 오도록 생각하고 있는 그 사람에게로 가는 것이었습니다. 막상 와서 보니 그 사람은 그 여자를 오게 하는 생각을 얼마나 간절히 했던지 그만 정신을 잃고 기절을 하고 말았습니다.

나중에는 맑은 날에 우산을 들고 나오라고 상대방에게 정신반응을 보내면 그것이 상대방에게 전달되어 우산을 갖고 나오는 실험까지도 하였습니다. 결국 이 실험으로 한쪽에서 어떤 생각을 강하고 간절하게 하면 그 정신의 반응이 상대편에게까지 도달된다는 것이 입증되었습니다. 이것을 텔레파시Telepathy라고 합니다. 이 말은 정신감응精神感應이라는 뜻입니다.

그런데 정신감응은 사람과 사람 사이에서만 일어나는 것은 아닙니다. 다음은 일본에서 의사들이 한 실험입니다.

흰쥐 스무 마리에게 장질부사균을 치사량으로 주사해 놓고, 그 가운데 열 마리는 약으로 치료하고 나머지 열 마리는 정신치료를 하였습니다. 그런데 시간이 흐른 뒤에 보니 약으로 치료한 흰쥐는 모두 죽었는데 정신요법으로 치료한 열 마리 중에는 세 마리가 죽고 일곱 마리가 살았다고 합니다. 또 죽은 세 마리도 해부를 해보니 회복기에 들어서 있었다고 합니다. 이 실험은 사람의 정신 작용이 동물에게도 반응을 일으킨다는 것을 입증한 것입니다. 이와 비슷한 실험은 우리 주변에서도 쉽게 볼 수 있는데 동물에게 최면술을 거는 것입니다. 만일에 인간의 정신 작용이 동물에게는 작용하지 않는다면 최면술이 통할 리가 없습니다. 악어나 사자, 호랑이 따위의 동물에게 최면술을 걸 수 있다는 사실은 서커스나 묘기시범에서 쉽사리 알 수가 있습니다. 이렇듯 사람이 정신적으로 동물에게 반응을 일으키게 할 수 있다면 옛날 우리나라의 도인들이 호랑이를 타고 다녔다는 것이 전혀 허황된 이야기만은 아니라는 것을 알 수가 있을 것입니다.

또 정신반응은 광물에도 작용을 합니다. 이것은 내가 어릴 때 많이 해보던 실험이기도 합니다. 실 끝에 돌이나 쇳덩어리를 매달고서 그것에 정신을 한참 동안 집중시키고 나서 자기가 생각하는 방향으로 움직이게 하는 것입니다. 동쪽으로 움직이라 하면 동쪽으로 움직이고, 서쪽으로, 앞으로, 뒤로, 원형으로 모두 자기가 생각하는 대로 움직입니다. 이것을 관념운동이라고 합니다. 또 유리겔라라고 하는 사람이 정신반응으로 숟가락을 휘게 하고 시계를 정지시키는 실험을 하는 것이 보도된 적도 있습니다. 어쨌든 정신감응은 광물에도 작용을 한다는 것이 입증된 것입니다.

6) 분신

이 밖에도 가장 신기하게 여겨지는 것으로 분신分身이라는 것이 있습니다. 부처님께서는 수백, 수천의 장소에 몸을 나타내어 중생을 제도합니다. 지구에 계시면서 저 세계에도 가고 이 세계에도 옵니다. 또 신라시대의 원효스님은 같은 날, 같은 시간에 6처열반六處涅槃을 하였습니다. 곧 여섯 곳에서 똑같이 한꺼번에 돌아가신 것입니다. 이런 것을 불교에서는 '분신'이라고 합니다. 보기를 들어, 해인사에 있는 사람이 분신을 한다고 하면 그 사람이 진주에도 한 사람, 부산에도 한 사람, 서울에도 한 사람씩 있을 수가 있습니다. 사람의 몸이 한 날, 한시에 열 명도 되었다가 백 명도 되는 것입니다. 최근에 실험에 의해 그런 분신에 성공한 예가 있습니다. 인도에서 요가하는 요기Yogi들이 분신을 해보인 것입니다. 이러한 것이 가능하다는 것은 인간이 육체적으로나 정신적으로 무한한 능력을 갖고 있음을 말해 줍니다.

7) 육근호용六根互用

불교에 육근호용六根互用이라는 말이 있습니다. 안이비설신의眼耳鼻舌身意의 육근을 서로 바꾸어 가며 쓴다는 것입니다. 이를테면, 귀는 듣는 것인데 귀로 보고 또 눈은 보는 것인데 눈으로 듣는다는 것입니다. 이런 것을 육근호용이라고 합니다.

어제 어떤 신문에는 중국 사천에 사는 열한 살 된 어린이가 모든 것을 귀로써 본다는 기사가 나왔습니다. 눈을 아무리 가려놓아도 무엇이든지 다 보며, 또 아무리 캄캄하고 어두운 곳에서도 물체를 본다는 것입니다. 결국 이 아이는 귀로써 모든 것을 보는데, 이것은 밝고 어두운 것도 사실은 없음을 말해 줍니다. 눈으로 보든 귀로 보든 그것은 문제가 아닙니다. 눈으로 본다고 해도 되고, 귀로 본다고 해도 됩니다. 오장육부가 다 볼 수 있습니다. 그래서 병이 들었을 때에는 그 아픈 데가 어디고 빛깔이 어떤지를 이야기할 수 있다는 것입니다.

이 이야기는 주위의 한두 사람만이 본 것이 아닙니다. 중국의 학자들이 조사해 본 결과 틀림없는 사실이라는 것이 확인되었습니다. 그래서 세계 여러 나라의 신문마다 보도된 것입니다.

귀로써 보고 눈으로 듣는다[耳見眼聞]는 이 말은 본래 불교에 있는 말입니다. 오조법연 선사도 이에 대해 자주 말씀하셨습니다.

보통의 상식으로 생각한다면, 그것은 일종의 법문이지 실제로 그렇게 될 수 있겠는가 하고 의심을 품는 것도 당연합니다. 그러나 중생이 번뇌 망상으로 육근이 서로 막혀 있기 때문에 그런 경계에 도달할 수 없을 뿐이지, 실제로 부사의不思議한 해탈경계를 성취하면 무애자재無碍自在한 그런 경계가 나타나 육근이 서로서로 통하게 됩니다. 이것이 육근호용인 것입니다. 사람은 누구나 육근호용이 되어 모든 것에 무애자재한 경계를 얻을 수 있습니다.

3. 삼천대천세계

이제는 이 불생불멸의 공간적 범위는 얼마나 되는지 생각해 봅시다. 몇 해 전에 어느 대학의 총장으로 있는 분이 와서 묻기를, "불교를 여러 해 동안 공부해 왔는데 부처님이 이 우주를 어느 정도 크게 보셨는지 좀 말해 달라."고 하였습니다. 그래서 "삼천대천세계라고 흔히들 말하는데 그것도 모르느냐."고 웃으면서 대답한 적이 있습니다.

'삼천대천세계'라고 말은 많이 하지만 그 내용을 알고 있는 사람은 그리 많지 않습니다. 우리가 경험하고 있는 범위 안에서는 일월日月이 비치는 우주를 한 세계라고 합니다. 흔히 한 일월이 비치는 우주가 하나뿐인 것으로 알고 있습니다. 그러나 부처님께서는 이 우주가 천千이 모여서 소천세계小千世界가 되고, 그 소천세계가 또 천이 모여서 중천세계中千世界가 되고, 중천세계가 다시 천이 모여서 대천세계大千世界가 되며, 대천세계를 세 번 곱한 것이 삼천대천세계라고 말씀하셨습니다. 그러나 이렇게 말씀하신 것은 일종의 표현방식일 뿐이고 실지 내용은 백억세계 혹은 백억일월인 것입니다. 또 이 백억세계, 백억일월을 한 불찰佛刹이라고 하고 이런 불찰이 미진수微塵數로 많이 있다고 했습니다. 이것은 쉽게 상상할 수 없을 정도의 큰 크기입니다. 이런 크기는 혜안慧眼이 열리지 않고는 누구도 쉽게 납득할 수 없는 세계입니다.

그런데 요즘 천문학에서 이 사실이 실증되고 있습니다. 1955년에 미국에서 파르마 산山에 200인치나 되는 굉장히 큰 망원경을 처음으로 완성하여 설치하였습니다. 200인치라고 하면 직경이 5미터나 됩니다. 그 망원경으로 우주를 관찰하면 10억 광년을 볼 수가 있습니다. 그 망원경을 통하여 우리가 일반적으로 생각하는 우주라는 것 밖에도 무한한 우주 집단이 존재한다는 것을 확인하였습니다. 단순히 별 하나뿐인 단일체가 아니라 수천, 수만 개의 별이 모인 집단 우주가 무한히 많은 숫자로 존재하고 있음이 확인되었습니다. 그 사실은 사진에도 나타나고 신문에도 보도되었습니다. 지금으로서는 그러한 무한한 우주 집단이 대략 40억 개 내지 50억 개쯤 있는 것으로 추정하고 있습니다.

이것을 볼 때 부처님이 말씀하신 백억세계라는 것이 결코 과장된 표현이 아님을 과학은 증명하고 있습니다. 아직 과학 기술이 부족해서 10억 광년밖에 볼 수 없지만 더 발달하면 100억 광년도 볼 수 있고 더 무한한 우주 집단을 볼 수 있을 것입니다.

그와 반대로 부처님께서 가장 작게 보신 것으로는 '일적수구억충一滴水九億蟲'이라고 하신 것이 있습니다. 이 말씀의 뜻은 물방울 한 개에 9억 개나 되는 많은 벌레가 있다는 것입니다. 최신의 현미경으로도 아직 물방울 한 개에서 벌레를 9억 개까지는 볼 수 없지만, 그토록 조그만 세계에 그렇게 많은 생명이 살고 있다는 것도 요즈음에 와서 점차 증명되고 있음은 사실입니다.

이처럼 부처님께서는 혜안을 가지고 상상할 수 없는 무한한 우주 공간을 보셨습니다. 흔히 말하는 상주법계, 진여법계라고 하는 것도 중생들이 쉽게 상상할 수 있는 세계가 아닙니다. 불생불멸을 내용으로 하는 그 법계라는 세계는 말로 표현할 수 없을 만큼 무한에서 무한으로 이어지는, 참으로 무한한 세계입니다.

4. 물심불이物心不二의 세계

그러면 넓고도 넓고 변함이 없는 광대무변한 우주가 있으며 그 내용은 또한 불생불멸이라고 하였는데, 그것이 물질로 된 것인지 정신으로 된 것인지도 한번 생각해 보아야 할 것입니다. 흔히 불교에서 '일체유심조一切唯心造'라고 하여 불교가 유심론인 것처럼 생각합니다. 불교에서 말하는 '일체유심조'라고 하는 것은 정신과 물질을 떠난, 곧 양변 – 물질과 정신 – 을 떠나서 양변이 융합한 중도적인 유심을 말합니다. 한쪽으로 치우친 유물론이나 유심론이 결코 아닙니다. '일체유심조'라고 하지만, 그것은 철학에서 흔히 말하는 유심론이 아닌 것입니다. 그런 것은 변견邊見에 지나지 않습니다.

불교는 변견으로서는 설 수가 없습니다. 완전한 중도적 입장에서라야 모든 것이 가능합니다. 실제로 보면 유심唯心도 아니고 유물唯物도 아닙니다. 유심도 유물도 아니어서 유심과 유물을 완전히 부정하면서 동시에 유심과 유물이 통하는 세계입니다. 곧 물심불이物心

不二인 것입니다. 유심도 아니고 유물도 아니면, 결국 물질도 아니고 정신도 아닌 것입니다. 그러나 그것을 부정하는 것이 아니라 마지막에 가서는 서로서로 융합해서 통하게 하는 것입니다. 그렇기 때문에 유심적으로도 증명이 되어야 하고, 유물적으로도 증명이 되어야 합니다. 이 두 가지로 증명이 안 되면 모순이 생기게 됩니다.

생물학에서는 인간의 육체나 또는 동물, 식물에 대해 많은 연구를 해왔습니다. 이들은 아주 미세한 세포로 조직되어 있습니다. 학계에서 이들 세포를 연구한 결과, 동물의 세포나 식물의 세포가 똑같음이 증명되었습니다.

또 근래에 와서 어느 세포나 각 세포 가운데에는 핵산이라는 것이 들어 있음을 알아냈습니다. 영문 약자로 흔히 '디엔에이DNA'라고 하는 것입니다. 이 핵산은 순전히 정신적인 역할을 맡아 활동하고 있습니다. 이것이 자동적으로 모든 것을 기억해서 서로서로 연락하고 명령을 전달하고 신경을 지배하는 역할을 하고 있습니다. 핵산은 결코 신경계통의 기관은 아닙니다. 각 세포 가운데에는 세포핵이 있는데, 핵산은 그 세포핵 가운데에 존재하여 기억력과 활동력을 가진 정신체라는 것이 판명되었습니다. 조금 더 연구를 깊이 한 생물학자들은 식물과 동물의 세포는 모두 정신 작용을 하는 세포로 구성되어 있기 때문에 정신 활동을 떠난 물체가 아니라는 것을 인정하고 있습니다. 이러한 생물학 연구도 물질과 정신이 실지로 둘이 아니라는 사실을 과학적으로 증명해 주고 있습니다.

그렇다면 이번에는 움직이지도 않고 그나마 생명도 없는 것으로 알려진 광물은 어떻게 구성되어 있는지 생각해 보기로 하겠습니다.

광물이 동물, 식물처럼 성장하지도 않으니 아예 죽어 있는 무생물로 취급한다든지 운동을 하지 않고 가만히 있는 것이라고 생각하는 사람은 현대인의 자격이 없다고 할 수 있습니다. 앞에서 이야기했듯이 물질의 근본 질량으로 소립자라는 것이 있는데 그것은 늘 스핀spin운동을 하고 있습니다. 스핀운동이란 모든 소립자가 일정하게 타원형을 그리며 활동하고 있는 성질을 말합니다. 어떤 소립자든지 늘 활동을 계속하고 있습니다.

다만 인간의 눈으로는 그것을 볼 수 없으므로 운동을 하지 않는 것처럼 보일 따름이지, 이 세상에서 가만히 있는 것은 아무것도 없습니다. 실제에 있어서 어떤 광물이든지 또는 무생물이든지 그것들은 모두 활동을 하고 있으며 살아 있습니다. 어떤 물체든지 죽어 있거나 활동하지 않는 것은 하나도 없다는 사실은 물리학을 깊이 연구한 사람이라면 다 아는 사실입니다.

어떤 입자든지 스핀운동을 한다고 해도 그것은 물질에서 그치는 것이지 정신적인 것이라고는 할 수 없다고 생각합니다. 그러나 요즘 이론물리학에서는 "소립자도 자유의사를 갖고 있다."고들 많이 주장합니다. 자유의사를 가지고 있다는 말은 결국 정신활동을 하고 있다는 말입니다. 동·식물을 이루고 있는 각 세포마다 그 속의 세포핵에 핵산이 있어서 정신활동을 하고 있듯이, 광물이나 무생물도 그것을 이루고 있는 각 입자 안에서는 스핀운동을 하고 있으며 그 내용은 자유의사를 가지고 있다고 학자들은 주장하고 있습니다.

불교의 불생불멸을 말하면서 이렇게 현대물리학을 도입하여 우리가 일상에서 인식하고 상상할 수 있는 범위에서가 아니라 시간을 백억 분의 일 초로 나누고 공간을 다시 백억 분의 일 밀리미터로 나누어서 극미세한 상황까지 설정하여 이야기를 펼친 것은, 결국 동물이든 식물이든 광물이든 그 모든 것은 물질이라고도 할 수 없고 정신이라고도 할 수 없으며, 그와 동시에 그것은 또 물질이라고도 할 수 있고 정신이라고도 할 수 있음을 말하기 위함입니다. 이러한 사실들은 바로 양변兩邊을 떠나고 또 양변을 포함하는 불교의 중도공식과 상통하는 것입니다. 현대과학은 발달을 거듭하면서 자꾸 불교 쪽으로 가깝게 오고 있습니다. 생각이 깊은 사람들은 불교는 과학이 발달될수록 그 내세우는 바가 좀더 확실히 증명이 되고 더욱 빛난다는 사실을 깨닫고 높이 찬탄합니다.

이렇게 해서 3,000년 전 부처님께서 하신 말씀이 현대과학의 이론으로 입증됨을 보았습니다. 이처럼 부처님 말씀은 누구든지 의심하려야 의심할 수 없는 진리의 세계이기에 영원불변하는 것입니다. 설령 원자탄이 천 개, 만 개의 우주를 다 부순다 하더라도 불교의 중도사상, 연기사상의 원리는 영원히 존재할 것입니다.

5. 질문과 답

물음 기독교에서는 그것을 믿는 자는 융성하고 그렇지 않으면 망한다고 하여 절대자인 창조주가 화복禍福을 정한다고 합니다. 불교에서는 업業에 따라서 착한 일을 하면 행복하게 되고 악한 일을 하면 불행하게 된다고 하는데 이해가 어렵습니다.

답 예수교에서 주장하는 것은 모든 것을 만든 이도 하나님이고 따라서 구원도 그에게 매달려야 하는 것입니다. 그러나 불교에서는 누가 만든 사람이 따로 없고 누가 따로 구원해 주지 않습니다. 순전히 자아自我 본위입니다. 예수교는 철두철미하게 남을 의지하는 것이니 두 관점이 정반대입니다. 요즘의 과학적 증명에 의하면 남이 만들어 주었다는 것은 거짓말입니다. 그렇기 때문에 이미 말했듯이 예수교에서도 자체 전환을 하고 있습니다. 불교에서 본시 주장하는 것은 우주 이대로가 상주불멸이고 인간 이대로가 절대자라는 것입니다. 현실 이대로가 절대이며, 또 사람이고 짐승이고 할 것 없이 모두가 다 하나님 아닌 것이 없다는 말입니다. 결국 사람 사람이 모두 금덩어리 아님이 없는데 자기가 착각해서 금덩어리를 똥덩어리로 알고 있는 것입니다. 중생衆生이라는 말은 이것을 가리키는 것입니다. 눈을 감고 있기 때문에 금덩이인 줄 모르는 것이니, 수행을 하여 본래의 눈을 뜨고 보면 본시 금덩이인 줄 확실히 알게 되는 것입니다. 온 세계가 모두 진금眞金이고 모두가 부처님 세계이고 무한한 가치를 가지고 있습니다.

예수교에서는 '구원'한다고 합니다. 물에 빠진 사람을 구해 준다는 식입니다. 그러나 불교에서는 구원이 아닙니다. 자기 개발이고, 자기 복귀復歸입니다. 자기의 본래 모습이 부처님인 줄을 알라는 것입니다. 선종禪宗의 조사 스님네들이 항상 하는 말이 그렇고 또 내가 항상 하는 말이 이것입니다. 석가도 믿지 말고, 달마도 믿지 말고, 지금 말하는 성철이도 믿지 말라. 오직 자기를 바로 보고, 자기 능력을 바로 발휘시켜라. 이것이 불교의 근본입니다. 그럼 어째서 부처님은 극락세계 등의 의타依他를 말씀하셨는가? 그것은 방편설方便說입니다. 자아自我 본위를 모르는 사람을 깨우치기 위한 방편이지 참 가르침은 아닙니다.

물음 업業의 변화에 의해서 귀하게도 되고 천하게도 되는 것입니까?
답 그렇지요. 자기가 짓고 자기가 받는 것입니다. 햇빛 속에 똑바로 나서면 그림자도 바르게 되고 몸을 구부리면 그림자도 구부러지는 것입니다. 바른 업을 지으면 모든 생활이 바르게 되고 굽은 업을 지으면 모든 생활이 굽어집니다. 그래서 내가 말하지 않습니까? 절대로 타살他殺은 없다, 전부 다 자살自殺이라고.

물음 불교의 윤리에서 선업善業과 악업惡業은 어떻게 구별됩니까?
답 남을 돕는 것, 남에게 이로운 것은 선善이라 하고, 남을 해치는 것, 남에게 고통을 주는 것은 악惡이라 합니다. 그러나 불교의 진정한 의미에서는 선이란 선과 악을 완전히 버리고 또 선과 악이 융합하는 것을 말합니다. 즉 중도中道의 세계를 말합니다. 선과 악이 대립되어 있는 것은 진정한 선이 아닙니다. 그것은 한쪽에 치우친 변견邊見입니다. 보살계를 받을 때에 "선도 버리고 악도 버려라. 이렇게 하는 것이 보살이다."고 말합니다. 상대적인 변견을 버리라는 것입니다. 그럼 선도 버리고 악도 버리고 어떻게 하라는 것인가? 선도 버리고 악도 버리는 여기에 참 선이 나오는 것입니다.

물음 도솔천兜率天과 극락세계極樂世界는 어떤 것입니까?

답 도솔천이라고 하는 것은 외계外界의 천상天上에 있습니다. 그러나 꼭 말씀 그대로 받아들일 것은 아닙니다. 부처님 당시에 이미 도솔천이니 33천三十三天이니 하는 사상이 있었고, 중생을 교화하기 위한 방편方便으로 쓴 것입니다.

그러나 극락세계는 그 성질이 다릅니다. 이것은 본시 있는 세계가 아닙니다. 아미타불의 원력願力으로써 극락세계를 만들었습니다. 흡사 하나님이 하늘이 있으라 하니 하늘이 있다는 식式입니다. 아미타불이 원력으로써 만들어 놓은 땅이니 우주창조설과 그 성격이 같은 것입니다.

물음 인간의 능력이 무한하고 불교가 완전무결한 것이라면 앞으로 과학은 불교 이상으로 발전할 수 있겠습니까?

답 몇 해 전 불교로 전향한 어느 미국 사람이 서울에 와서 강연한 적이 있습니다. 예수교뿐만 아니라 많은 종교가 과학이 발달할수록 퇴색되고 파괴되는 데 비해 불교는 더욱더 그 논리가 실증되는 동시에 빛이 난다는 것입니다. 결국 불교는 진리를 바로 보았기 때문에 3천년 뒤에도 그것이 참말인 것이 자꾸 증명되는 것입니다.

앞으로도 과학이 발달할수록 불교의 진리가 한 가지 한 가지씩 계속해서 더 증명이 될 따름이요, 불교 이상의 더 나은 진리를 발견할 것이라고 볼 수 없습니다. 손오공이 뛰어 봐야 부처님 손바닥 안인 줄을 알아야지요.

물음 캐논 경이 쓴 「잠재력」에서와 같이 무의식 상태에서 실험하는 그들도 화두 공부를 한 것입니까?

답 그들이 화두 공부를 한 것은 아니고 또 완전히 제8식識에 도달한 것도 아닙니다. 그러나 실험을 하는 동안에는 무의식 상태에 가깝게 들어간 것만은 분명합니다. 그 상태에 들어갈 것 같으면 그런 능력이 나타나는 것만은 분명합니다.

물음 윤회설과 인구증가 및 산아제한에 대해 말씀해 주십시오.

답 인구가 증가한다는 것, 곧 이전에는 인구가 적었는데 지금에는 인구가 많다 하니 이것은 영혼이 어떻게 된 것인가? 사람이 반드시 사람으로만 윤회한다면 이것은 문제가 큽니다. 사람만이 사람으로 윤회한다면 인구가 증가될 수 없습니다. 그러나 윤회를 하는 데에는 동물과 인간의 구별이 없는 것입니다. 그리고 또 외계에서 오는 영혼도 있고 하여 전체적으로는 증감을 논할 수가 없습니다.

지구에서 인구가 자꾸 팽창해 가니 산아제한을 해서 위기를 면해야겠다고 인위적으로 노력을 하는데 그것 가지고는 해결이 안 됩니다. 산아제한 한다고 사람이 잘 사는 것이 아닙니다. 모든 일이 건설적으로 나아가야지 산아제한은 파괴적입니다. 우리나라의 인구가 많아서 먹을 것이 없다고 할지 모르지만, 우리가 노력하고 개척하고 개발하면 아무리 인구가 많아도 먹고 살 수 있습니다.

물음 불성佛性이란 무엇입니까?

답 이것은 불교의 독특한 용어用語인데, 부처님의 특성을 나타내는 것을 불성佛性이라 하고, 일체법계一切法界를 말할 때는 법성法性이라 하는데 일체만법의 본 모습이라는 말입니다. 이 법성을 바로 안 사람이 바로 부처님입니다. 그것은 변동이 없으므로 진여眞如라 하기도 하고, 그 내용은 중도中道이므로 중도라 하기도 하고, 활동하는 자체는 연기에 따라 움직이므로 연기법緣起法이라고도 합니다. 이들은 모두 같은 내용입니다. 부처님께서 말씀하셨습니다. "희한하고 희한하구나, 모든 중생衆生이 두루 불성을 갖고 있구나."

2장_중도의 원리

1. 초전법륜

지금까지 이야기한 '불생불멸'이라든지 '색즉시공 공즉시색'이라든지 '무애법계'라고 하는 이론들을 불교에서는 '중도법문中道法門'이라고 하는데, 이것이 불교의 근본 사상입니다.

여기에서 한 가지 문제가 생깁니다. 이러한 불생불멸의 뜻을 전하는 화엄 및 법화사상은 대승경전의 말씀들인데, 이 경전들은 부처님께서 돌아가시고 수백 년이 지나서 편집된 것이므로 더러 잘못된 것이 없나 하는 의심이 생긴 것입니다. 설령 부처님이 살아 계시던 무렵에 편집되었다 하더라도 더러 잘못 듣거나 잘못 기록하여 오전誤傳이 있을 수가 있거늘, 하물며 부처님이 돌아가신 지 수백 년 뒤에 편집한 것은 말할 것도 없습니다. 그런데도 그것을 틀림없는 부처님의 사상이라고 고집하는 것은 좀 억지스럽지 않은가 하는 의혹이 얼마든지 일어날 수 있습니다.

학자들이 그 문제에 대해 논의한 결과, 한때 대승불교는 부처님의 직설直說이 아니라는 말이 나돌게 되었습니다. 이름하여 대승비

불설大乘非佛說이 대두된 것입니다. 그리하여 그 대신에 부처님이 돌아가시고 나서 곧 성립된 경전인 『아함경』에서 부처님의 사상을 찾으려고 하였습니다. 과연 『아함경』을 열심히 연구해 보니 처음에는 이 경전에서 표현된 부처님의 사상이 대승불교의 사상과는 완전히 거리가 먼 듯이 보였습니다. 『아함경』을 부처님의 사상 그대로라고 한다면, 대승불교는 그 『아함경』에서 발달된 사상일 뿐이지 실제의 부처님 사상은 아니라는 것입니다. 아무튼 뒤에 연구를 거듭해 나가 보니 『아함경』에도 부처님의 친설親說이 아닌 것이 있음이 드러나게 되었습니다.

그러나 세계적으로 이름난 권위자들이 더욱 깊이 연구를 한 결과, 원시 경전인 팔리어 경전 가운데에서 부처님께서 직접 설한 것이라는 증거를 가진 초기의 법문이 많이 있음을 발견하게 되었습니다. 그것은 마치 돌무더기 속에서 금이나 옥을 발견해낸 것과 같았습니다. 『아함경』 중에서도 『잡아함경』 같은 데에 들어 있는 어떤 것은, 당시 인도의 여러 사상을 종합해 볼 때 틀림없는 부처님의 사상이라고 단정할 수 있었습니다. 가장 믿을 만한 것은 부처님의 생활을 기록해 놓은 율장에서 그에 대한 좋은 자료를 얻을 수 있었던 것입니다. 그 중에서도 초전법륜初轉法輪은 부처님께서 맨 처음으로 법문하신 것인데, 깨달음을 성취하고 중생을 교화하는 동시에 교단을 조직하신 그 출발점부터 기록해 놓은 것입니다.

부처님께서는 보리수 아래에서 성도成道하신 뒤에 혼자만 좋은 법을 알고 있을 수는 없기에 그 법을 다른 사람에게도 전하기로 마음먹었습니다. 어떻게 해서든지 이 좋은 법을 모든 사람에게 전하여서 그들도 함께 깨닫고 자신과 같이 자유자재自由自在한 영원한 행복을 누리기를 바라신 것입니다. 그리하여 부처님께서 수행하던 중에 고행이 결코 도道가 아님을 알고 방향을 전환하였을 때에 부처님을 떠나버린 다섯 비구를 맨 처음 찾아갔습니다.

처음에 그들 다섯 비구는 부처님이 타락하였다고 생각하여, 자기들을 찾아오고 있는 부처님에게 인사도 하지 말자고 약속하였습니다. 그러나 정작 부처님이 자기들에게 가까이 오자, 스스로 한 약속을 잊어버리고, 대법大法을 성취한 만덕종사萬德宗師이신 부처님께 오체투지五體投地로, 곧 온몸을 땅바닥에 대고 머리가 깨어지도록 절을 하였습니다. 그리고는 부처님을 자리에 모셔 놓고 "어찌하여 우리를 잊지 않고 찾아오셨습니까?" 하고 물었습니다. 부처님께서는 "너희들을 위해 찾아온 것이 아니라 법을 위해서 찾아왔다."고 말씀하시면서, 대각大覺을 성취하신 것을 맨 먼저 그들에게 소개한다고 말씀하셨습니다. 그들이 다시 무엇을 어떻게 성취하셨는지를 물으니, 부처님께서는 "중도中道를 정등각正等覺하였다."고 그 제일성第一聲을 토하셨습니다.

중도, 이것이 불교의 근본 사상입니다. 중도라는 것은 모순이 융합되는 것을 말하며, 모순이 융합된 세계를 중도의 세계라 합니다.

세상의 이치는 모두 상대적相對的으로 이루어져 있습니다. 선善과 악惡의 상대, 시是와 비非의 상대, 유有와 무無의 상대, 고苦와 낙樂의 상대 등, 이렇듯 모든 것이 서로 상대적인 대립을 이루고 있습니다. 다시 말해서 이 현실 세계는 그 전체가 상대로 이루어져 있습니다. 그러므로 자연 이 현실 세계에서는 모순과 투쟁이 생기게 마련입니다. 이 상대의 세계, 곧 양변의 세계에서는 전체가 모순덩어리인 동시에 투쟁인 것입니다. 그 결과 이 세계는 불행에 떨어지고 마는 것입니다. 이와 같은 불행에서 벗어나고 투쟁을 피하려면 근본적으로 양변, 상대에서 생기는 모순을 모두 버려야 합니다. 이를테면 서로 옳으니 그르니 하는 시비是非를 버리면 그것이 바로 극락세계가 되는 것입니다. 하지만 현실 세계는 이른바 사바고해娑婆苦海인 까닭에 그 양변을 여의지 못하는 것입니다.

부처님께서 "중도를 정등각하였다."고 선언하신 것은 바로 그 모든 양변을 버렸다는 말씀입니다. 곧 나고 죽는 것도 버리고, 있고 없는 것도 버리고, 악하고 착한 것도 버리고, 옳고 그른 것도 모두 버려야 합니다. 그렇게 모두 버리면 시是도 아니고 비非도 아니고, 선善도 아니고 악惡도 아니고, 유有도 아니고 무無도 아닌 절대의 세계가 열리는 것입니다. 이렇듯 상대의 모순을 모두 버리고 절대의 세계를 성취하는 것이 바로 해탈이며 대자유이며 성불인 것입니다.

모든 대립 가운데에서도, 철학적으로 보면, 유有 무無가 가장 큰 대립입니다. 중도는 있음[有]도 아니고 없음[無]도 아닙니다. 이것을 비유비무非有非無라고 하니, 곧 있음과 없음을 모두 떠난 것입니다. 그리고 거기에서 다시 유와 무가 살아납니다[亦有亦無]. 그 뜻을 새겨보면 이러합니다. 곧 3차원의 상대적인 유와 무는 완전히 없어지고 4차원에 가서 서로 통하는 유무가 새로 생기는 것입니다. 그리하여 유무가 서로 합해집니다. 그러므로 부처님께서는 이렇게 말씀하셨습니다.

"유무가 합하는 까닭에 중도라 이름한다[有無合故名爲中道]."

불생불멸의 원리에서 보면 모든 것이 서로서로 생멸이 없고, 모든 것이 서로서로 융합하지 않으려야 않을 수 없고, 모든 것이 무애자재하지 않으려야 않을 수가 없습니다. 그래서 있는 것이 없는 것이고, 없는 것이 곧 있는 것이라[有卽是無, 無卽是有]고 말씀하신 것입니다.

부처님께서 이와 같은 내용을 그 다섯 비구에게 설법하니 그들은 짧은 시일 안에 곧 깨달음을 성취하였습니다. 이것이 유명한 초전법륜입니다. 이렇듯이 초전법륜의 근본 골자는 중도에 있습니다. 괴로움과 즐거움을 완전히 버리고, 옳음과 그름을 버리고, 있음과 없음을 버린다고 해서 아무것도 없는 허공이 되는 것은 아닙니다. 그것은 마치 구름이 완전히 걷히면 밝은 해가 나오는 것과 같아서, 거기에는 광명이 있을 뿐입니다. 유와 무를 완전히 버리면 그와 동시에 유와 무가 서로 통하는 세계, 곧 융통한 세계가 벌어지는 것입니다.

눈을 감은 세계에서는 있고 없음이 분명히 상대가 되어 존재하지만, 눈을 뜨고 보면 유와 무, 곧 있고 없음이 완전히 없어지는 동시에 유와 무가 완전히 융합해서 통하게 됩니다. 이렇듯 중도의 세계란 유·무의 상대를 버리는 동시에 그 상대가 융합하는 세계를 말합니다. 양변을 버리는 동시에 양변을 융합하는 이 중도의 세계가 바로 모든 불교의 근본 사상이며, 그리고 대승불교 사상도 여기에 입각해 있습니다.

하나가 곧 전체이고

전체가 곧 하나이다.
一卽一切
一切卽一

『화엄경』에서 말하는 이 사상도 중도에서 나온 것입니다. 하나와 일체라는 것은 양변입니다. 하나와 일체를 버리면 그것이 바로 중도가 되는 것입니다. 그렇게 되면 하나가 곧 일체이고 일체가 곧 하나가 되는 것입니다. 이것이 화엄사상이며, 곧 불교 전체의 사상인 것입니다. 『법화경』이나 『화엄경』에서 제법실상諸法實相이나 원융무애圓融無碍한 일진법계一盡法界를 말한 것은 모두 중도에 입각해 있는 사상입니다.

대승경전이 시대적으로 보아서 부처님이 돌아가신 지 몇 백 년 뒤에 성문화된 것이라고 하여도 그 근본은 부처님의 사상 그대로인 것입니다. 대승경전이 부처님 사상이 아니라거나 부처님의 사상을 발전시켰다고 주장할 수는 없습니다. 부처님의 근본 사상이 중도에 있는 것과 같이, 화엄과 법화 또한 중도를 그대로 전개시킨 것이니, 그것이 곧 초전법륜이 되는 것입니다.

2. 대승불교 운동

대승경전이 성립되기 전에 소승경전이 많이 성립되었는데 그것은 이른바 부파部派불교라고 하는 것입니다. 부파불교 시대에는 부처님의 중도 사상은 완전히 잊어버리고 순전히 유와 무, 곧 양변의 유·무 사상을 가지고 싸움을 일삼았습니다. 어떤 파는 유를 가지고 부처님의 근본 사상이라고 하고, 어떤 파는 무를 가지고 부처님의 근본 사상이라고 주장하니 부처님의 근본 사상은 산산조각이 나버렸습니다. 그들 각 파들은 부처님의 말씀을 편집할 때 자기들이 본 대로, 자기들의 주장대로 부처님 경전을 편집하였습니다. 결국 이것이 소승불교의 근본이 된 것입니다. 부처님의 중도 사상이 오히려 망각되고 왜곡되어 버린 것입니다.

대승경전보다 앞서 성립되었다는 팔리어로 씌어진 소승경전은 유·무에 입각해서 성립되었기 때문에 부처님의 근본 사상을 완전히 전하지 못했습니다. 그 뒤에 성립된 대승경전은 전체가 중도 사상에 입각해 있는데도 불구하고, 대승불교 사상을 이해하지 못하는 사람들이 일시적으로 그것은 소승불교에서 발달된 사상이라고 주장했습니다. 그래서 부처님의 근본 사상이 아니라고 오해를 한 것입니다. 그러나 뒤에 알고 보니 부처님의 근본 사상은 중도대승中道大乘, 중도일승中道一乘에 있음이 입증되었습니다. 다시 말해서 대승불교 사상은 부처님 사상을 그대로 전한 사상이라는 것입니다. 그렇기 때문에 대승불교 운동은 부처님의 근본불교 복구운동이라고 합니다. 근본불교를 복구시킨다 함은 부처님의 사상을 발전시키는 것이 아니라 본디의 말씀대로 돌아감을 뜻합니다.

대승불교가 근본불교의 복구운동임을 밝히는 데에서 가장 앞선 선구자가 바로 용수보살입니다. 용수보살은 많은 저술을 냈는데, 현재 전해지는 것으로 『중론中論』과 『대지도론大智度論』 등이 있습니다. 『대지도론』 100권은 그 사상을 자세하게 펼친 것이고 『중론』은 간략하게 요약한 것인데, 그 내용은 똑같습니다. 특히 『중론』은 내용이 요약되어 그 사상의 골수를 잘 드러내 보이는데 이름을 '중론'이라 한 까닭은 부처님의 근본 사상이 중도에 있음을 설명하기 위해서입니다. 부처님의 근본 사상은 오직 중도에 있음에도 불구하고, 부파불교 시대에 불교가 잘못 전해져, 유다 무다, 생이다 멸이다 하면서 싸우기를 그치지 않으니 그러한 싸움을 바로잡으려면 무엇보다도 부처님의 근본 사상인 중도를 바로 알리는 것이 가장 중요한 일이었습니다. 그런 뜻에서 부처님의 근본 사상을 조직적으로 체계화해서 저술한 책이 바로 『중론』입니다.

용수보살은 부처님의 중도 사상을 바로 세우고 널리 펼치기 위하여 참으로 많은 노력을 기울였습니다. 그 결과 대승불교에서 부처님의 근본 사상을 완전히 복구시킬 수가 있었으며, 그러한 사상이 지금까지 불교를 지배해 오게 되었습니다. 이즈음에는 어떤 학자든지 대승불교가 근본불교―부처님의 근본 사상을 복구한 운동―이지 결코 뒤에 변질되거나 새롭게 발전시킨 사상이 아님을 총결론으로써 의심 없이 인정하고 있습니다.

또 한 가지 의심을 일으켜 의논이 분분하였던 것이 있습니다. 그것은 초전법륜에서 중도만을 말씀하셨지 진여眞如라거나 연기緣起라거나 법계法界라는 것은 말씀하지 않았다는 것입니다. 그러나 초전법륜에서 중도를 말씀하시고 난 뒤에 『잡아함경』과 같은 조그만 경전이 편집되면서 중도를 여러 가지로 설명하고 있음을 알아야 합니다. 곧 그곳에서는 중도가 바로 진여라고 말하고 있습니다. 진여라고 하는 것은 절대입니다. 변동이 없다는 것입니다. 진여는 양변을 여읜 절대의 세계입니다. 동시에 진여는 법계입니다. 그리고 이러한 진여법계眞如法界는 일체연기법一切緣起法에 의해서 활동하고 있습니다. 따라서 중도, 진여, 법계, 연기 이 네 가지는 대승불교의 근본 골자로서, 이들을 빼버리면 대승불교의 사상은 존재할 수가 없습니다.

부처님께서 초전법륜에서 다섯 비구에게 말씀하실 때는 간단히 중도라 하여 양변을 버린 것이라고 말했지만, 뒤에 가서 부연하여 중도를 다양하게 설하셨습니다. 중도를 설명할 때에는 반드시 연기가 따라오고, 법계가 따라오고, 진여가 따라갑니다. 그러므로 진여, 법계, 중도, 연기 이것을 버리고 불교를 찾으려 함은 마치 얼음 속에서 불을 찾는 것과 다를 바가 없습니다.

그러면 이 중도라는 것이 과연 부처님께서 최초로 발견한 것인지 아니면 인도 사상에서 이미 있었던 것인지가 문제가 됩니다. 인도 사상에 대하여 자세히 연구가 이루어지지 않은 시대에는 대개의 학자들이 그것은 부처님의 독창적인 깨달음이 아니라고 보았습니다. 곧 부처님의 중도 사상은 시대적 연관 위에서 성립된 것이지 부처님의 독창적인 것이라고는 볼 수 없다는 의견이 지배적이었습니다. 그러나 사실은 부처님 이전과 그 당시의 사상을 깊이 연구하고 살펴본 결과 부처님께서 선언하신 중도를 내용으로 하는 사상은 다른 데에서는 찾아보려야 찾아볼 수가 없었습니다. 결국 이 중도 사상은 부처님의 새로운 발견이며 독창적인 새 출발이라고 학자들은 결론을 내렸습니다.

인도 사상을 총괄하여 보면 두 가지로 나눌 수 있습니다. 하나는 유심唯心사상이고, 다른 하나는 유물唯物사상입니다. 유심사상은 전변설轉變說로 되어 있고, 유물사상은 적집설積集說로 되어 있습니다. 전변설은 수정주의修定主義로 나가고 적집설은 고행주의로 나가는데, 유심과 유물, 전변설과 적집설, 수정주의와 고행주의들이, 말하자면 부처님 이전에 인도 사상을 통괄하는 것들이었습니다. 그런데 부처님께서는 유심도 유물도 버리고, 전변론도 적집론도 버리고, 수정주의도 고행주의도 버렸습니다. 부처님께서는 실지로 수행하여 유심과 유물을 버려야만 중도를 정등각할 수 있었던 것입니다. 그러므로 중도 사상은 부처님께서 최초로 깨달으신 새 발견인 동시에 불교만의 독창적인 사상인 것입니다.

3. 중용과 변증법

중국에는 '중용中庸'이라는 것이 있기는 하지만 이것은 불교의 중도와는 근본적으로 틀립니다. 유교 사상에서의 중용이란 너무 지나치지도 않고 너무 부족하지도 않음을 말합니다. 이를테면 너무 많이 아는 사람은 지나쳐 버리기 쉽고 모르는 사람은 너무 미치지 못하므로, 과過하지도 않고 부족하지도 않은 중中을 취하라는 것입니다. 결국 이 '중中'은 단순한 중간의 의미에 지나지 않습니다.

나아가서는 서구 세계에서도 플라톤, 아리스토텔레스와 같은 철인들이 일찍이 중용사상을 펼쳤는데, 그들도 중간 사상을 가지고 중용사상이라 하였을 따름입니다. 그들의 이른바 중용사상은 양변을 완전히 버리고 동시에 양변이 완전히 융합하는 사상을 말하지는 않았습니다. 양변을 여의고 양변을 융합한다는 것은 추호도 찾아볼 수가 없습니다. 따라서 중도 사상과 중용은 결코 혼동될 수 없는 것입니다.

서양의 철학계에서도 근대에 이르러 언뜻 보기에 불교의 중도 사상과 비슷해 보이는 이론이 나왔습니다. 바로 헤겔의 변증법辨證法 사상입니다. 정正·반反·합合, 이 세 가지가 변증법의 기본 공식으로 정에서 반이 나오면 그것을 융합시켜서 합을 만든다는 논리입니다. 언뜻 생각하면 이 논리는 중도와 비슷한 듯 하지만 이것은 어디까지나 역사의 발전 과정에서 말하는 것입니다. 이 이론은 시간을 전제로 하는 것입니다. 보기를 들어 정正이라는 사상이 나와서 이것에 모순이 생기면 다시 반反이라는 사상이 나오고, 시간이 지나면 정도 아니고 반도 아닌 것이 서로서로 종합이 되어서 합合이라는 사상이 나온다는 이론입니다. 이와 같이 시간을 전제로 하는 역사적인 발전 과정을 말하는 헤겔의 정·반·합 이론도 정과 반을 완전히 버리고 정과 반이 완전히 융합하는 것이 아니므로, 중도 사상과는 근본적으로 다릅니다.

변증법에 대해서는 재미있는 일화가 있습니다. 한번은 괴테와 헤겔이 만났는데, 괴테가 헤겔에게 그 변증법의 내용이 어떤 것이냐고 물었다고 합니다. 그러자 헤겔은 그것은 모순의 논리라고 대답했다는 것입니다. 곧 정과 반의 모순, 시와 비의 모순, 선과 악의 모순을 말하니, 이것은 양변이 모두 모순인 것을 갖고 만든 이론에 불과한 것입니다. 양변이 서로 모순이므로 서로 통할 수가 없으니 이 이론은 그것을 이용하는 사람이 어떻게 쓰느냐에 달려 있다고 말했던 것입니다.

　불교의 근본 사상은 중도 사상이니, 팔만대장경 전체가 여기에 입각해 있으며 부처님께서 49년 동안 설법하신 모든 말씀이 바로 중도를 설명하기 위한 것입니다. 그래서 중도 사상을 떠나서 불교를 설명하는 것은 바로 부처님에 대한 반역反逆인 것입니다. 불교를 설명한 많은 것들의 그 진위眞僞를 가리려면 중도논리中道論理, 중도정의中道定義에 위배되는지 아닌지를 가늠해 보아야 합니다. 그것에 위배되는 사상은 결코 부처님의 말씀이 아닌 것입니다.

제3편
영혼과 윤회

1장 영혼은 있다
2장 윤회는 있다

전생 일을 알고자 하느냐?
금생에 받는 그것이다.
내생 일을 알고자 하느냐?
금생에 하는 그것이다.

1장_영혼은 있다

1. 불교의 제8식

앞에서 이야기했듯이 상주법계常住法界란 모든 것이 하나도 없어짐이 없이 있는 그대로가 불생불멸不生不滅이라는 것입니다. 상주법계에 대한 과학적인 증명으로서 앞에서는 등가원리를 말했는데, 여기에서는 그것과는 다른 것을 살펴보겠습니다.

인간이 살아 있을 때는 정신이라 하고 죽어서는 영혼이라 하는데, 이 문제에 대해서는 지난 수천 년 동안에 많은 사람들이 논란과 시비를 거듭해 왔지만, 아직도 확실한 결론을 얻지 못하고 있습니다. 어떤 과학자나 철학자나 종교가는 영혼이 꼭 있다고 주장하는가 하면 또 어떤 학자들은 영혼 따위는 없다고 주장합니다. 이런 싸움이 수천 년 동안 계속되어 내려온 것입니다.

불교에서는 이 문제를 어떻게 취급하고 있는가? 대승이나 소승이나 어느 경론이나 할 것 없이, 팔만대장경에서 부처님께서는 한결같이 생사윤회를 말씀하셨습니다. 곧 사람이 죽는 것으로 끝나는 것이 아니고 살아서 지은 업業에 따라 몸을 바꾸어 가며 윤회를 한다는 것입니다. 이 윤회는 불교의 핵심이 되는 원리의 하나입니다.

그런데 불교에서는 윤회를 하는 실체를 말할 때 그것을 영혼이라고 이름하지 않고 제8아라야식Ālaya識이라고 합니다. 불교에서는 사람의 심리 상태를 나눌 때 지금 우리가 보고 듣고 하는 이것은 제6의식이라 하고, 그 안의 잠재의식은 제7말라식末那識이라 하고, 무의식 상태의 마음은 제8아라야식이라고 합니다. 사람이 호흡이 끊어지고 혈맥이 끊어지고 목숨이 끊어져 버리면 의식은 완전히 없어지고 오로지 제8아라야식阿賴耶識만이 남는 것입니다. 이것은 절대로 없어지지 않는 것입니다. 그래서 무몰식無沒識, 곧 죽지 않는 식, 없어지지 않는 식이라고 합니다. 또 장식藏識이라고도 합니다. 과거, 현재 할 것 없이 모든 기억을 마치 곳간에 물건을 간수해 놓듯 전부 기억해 두고 있다가, 어떤 기회만 되면 녹음기에서 녹음이 재생되듯 기억이 전부 되살아나기 때문입니다. 그래서 없어지지 않는다는 뜻에서 말할 때는 무몰식이라 하고, 모든 것을 다 기억하고 있다는 뜻에서 말할 때는 장식이라 합니다. 이것이 있기 때문에 미래겁이 다하도록 윤회를 하는 동시에 무엇이든 한번 스쳐간 것은 하나도 잊어버리지 않는 것입니다.

그러면 근래의 불교학자들은 제8아라야식의 존재에 대해 어떤 태도를 가졌는지 알아보겠습니다. 대승불교에 대해 이론을 가장 많이 발달시킨 일본에서도 가장 권위 있는 사람이 우정백수宇井伯壽인데, 그는 아라야식은 도저히 증거를 잡을 수 없으므로 실재하는 것이 아니라고 했습니다. 그리하여 영혼 자체를 설명할 수 없다고 하였습니다. 그렇다면 어떻게 윤회를 설명할 수 있겠습니까? 그래서 이렇게 말하는 사람들도 있습니다.

"윤회는 부처님께서 교화를 위해 방편으로 하신 말씀이지 실제로 윤회가 있는 것은 아니다. 윤회가 있고 인과가 있다고 하면 사람들은 두려워서라도 마음가짐과 몸가짐을 착하게 하려고 힘쓸 것이므로, 교육적인 방편으로 하신 말씀이다."

이것은 상당히 그럴듯해 보이는 논리지만, 그런 주장도 과학의 발달 앞에서는 꺾일 수밖에 없습니다. 왜냐하면 오늘날 과학이 물질적인 데에서뿐만이 아니라 정신과학 분야에서도 크게 발전을 이룸에 따라 영혼이 있다는 것이, 윤회가 있다는 것이, 또한 인과가 확실하다는 것이 점차로 과학적으로 입증되고 있기 때문입니다. 그러므로 우리는 어떻게 하면 생사의 윤회를 벗어나 해탈의 길에 들어설 수 있는지 그 방법을 생각하지 않을 수 없습니다. 그렇다면 해탈의 내용은 어떤 것인가 하는 문제가 제기되지 않을 수 없습니다. 이러한 문제들에 대한 확실한 판단이 서야만 부처님의 가르침을 따르는 제자로서의 삶을 사는 데에서, 또 신앙생활을 하는 데에서나 불교를 포교하는 데에서, 또는 수행하여 성불하는 데에서 꼭 갖추어야 할 흔들림 없는 근본적인 토대가 형성되는 것입니다. 이것을 바로 알고 바로 믿어야만 바른 행동을 할 수가 있기 때문입니다.

2. 근사近死경험

이제 불교에서 말하는 윤회는 세계의 여러 학자들에 의해서 그

궁금증과 신비가 차차 벗겨지고 있습니다. 사람이 죽으면 그만인 것이 아니라 다시 태어난다는 사실에 대해 지금 세계 곳곳에서 많은 사람들이 연구하고 있습니다.

미국에 레이몬드 무디Raymond Moody라는 철학자가 있습니다. 그가 대학에서 철학을 배울 때 의과대학의 정신과 교수를 만나게 되었는데 그 교수는 무디에게 이런 이야기를 들려주었습니다.

"나는 수년 전에 두 번이나 죽었다가 깨어난 경험이 있다. 내가 죽은 뒤에 의사가 와서 사망을 확인하고 장사를 치를 준비를 하는 도중에 깨어난 것인데, 깨어나서 기억을 더듬어 보니 죽어 있는 동안이 깜깜한 것이 아니었다. 내 영혼이 죽어 있는 육체를 빠져나와 그것을 바라보고, 또 여러 가지 활동을 한 것을 기억한다."

그 정신과 교수는 죽었다가 깨어나는 순간까지의 자기가 경험했던 일을 자세히 이야기했는데, 듣는 사람의 처지에서는 너무나 허황된 꿈 이야기나 거짓말 같아서 믿을 수가 없었습니다.

무디는 그때에 그 이야기를 들으며 그저 웃고 말았지만, 뒤에 자신이 철학교수가 되어 강의를 하고 있을 때 한 학생이 찾아와 상담을 요청하며 이야기하는 것을 듣고서부터 생각이 바뀌게 되었습니다. 그 학생은 무디 교수에게, 우리에게 가장 절실한 것이 삶과 죽음의 문제이므로 영생永生에 관해서 이야기를 하고 싶다고 말하였습니다. 그러면서 하는 말이 며칠 전에 그의 할머니가 돌아가셨다가 깨어났다고 하면서 그때 할머니가 경험한 것을 들은 대로 이야기해 주었습니다. 그 이야기는 무디 교수가 학생 시절에 앞의 정신과 교수에게서 들은 이야기와 똑같았습니다. 무디 교수는 이러한 경험담이 단순히 웃어넘기기에는 이상한 점이 있다고 생각하여 이에 대해 본격적으로 탐구해 보기로 결심했습니다.

그리하여 그는 새롭게 의학을 공부하여 환자들을 상대로 이런 경험담을 수집하기 시작했습니다. 그로부터 몇 해 뒤에 무디 교수는 150명의 사례를 수집하여 그것을 1975년에 책으로 출판할 수 있었습니다. 그리고 그 사례를 보면 사람들은 거의 모두 다음과 같은 공통되는 경험을 겪었음을 알 수 있습니다.

"처음 죽었을 때는 캄캄한 어떤 터널 같은 곳을 빠져나간다. 그곳을 빠져나오면 자신의 신체가 침대 위에 누워 있는 것이 보인다. 그래서 '이상하다. 내가 왜 이렇게 누워 있을까? 내가 죽었는가'라는 생각을 한다. 그리고는 아주 밝은 광명이 나타난다. 그 광명 속에서 자기가 지나간 한평생에 걸쳐 겪은 모든 일들이 잠깐 동안에 나타난다. 그 뒤에 자기가 아는, 이미 죽은 사람들이 나타난다. 서로 위로도 하고 소식도 묻고 이야기도 나눈다. 그뿐만이 아니다. 영혼은 이 방, 저 방으로 돌아다니면서 의사들이 자기를 살리려고 온갖 노력을 다하는 것이라든지 가족들이 장사 지낼 의논을 하는 것이라든지 또는 다른 방에서 일어나는 것들을 모두 볼 수 있다. 그런데 아무리 눈앞에 보이는 그 살아 있는 사람들에게 말을 하려고 해도 말을 할 수가 없다."

죽었다가 다시 깨어난 뒤 이런 이야기를 하면 사람들은 좀처럼 믿으려 하지 않습니다. 그러나 비록 이미 죽은 사람의 영혼을 만났다는 사실은 증명할 수가 없지만, 죽은 뒤에 그의 가족들이 한 이야기는 그 자리에 있던 사람들이 다 들었으니 유력한 증거가 됩니다.

이미 의사에 의해 죽었다고 판정되면 그 육신은 한갓 물체에 불과합니다. 그러니 귀가 있어도 들을 수 없고 눈이 있어도 볼 수가 없습니다. 더구나 시신은 머리끝까지 흰 천으로 덮어 놓았으니, 설령 거짓으로 죽었다고 하여도 볼 수는 없습니다. 그런데 죽었다 되살아난 사람은 자기가 죽어 있는 동안에 가족들이 한 이야기와 그들이 어디에 있었으며, 무슨 행동을 했는지 상세하게 이야기하는데 실제와 조금도 다름이 없습니다. 누구든지 그 이야기를 들으면 놀라지 않을 수 없는 것입니다.

결국 이런 사실로 미루어볼 때 사람이 죽고 나면 그것으로 끝나는 것이 아니라 몸뚱이는 죽었어도 무엇인가 활동하는 활동체가 있어서 보고 듣는다는 것이 확인되었습니다. 그러나 죽었다가 깨어났다고 해서 누구나 이런 기억을 갖고 있는 것은 아닙니다. 어떤 사람은 아주 캄캄하여 아무 기억이 없다고도 합니다.

무디 교수는 이런 경험을 가진 사람들의 사례를 수집하여 책으로 엮었습니다. 그 책이 처음 출판되자 세상 사람들은 깜짝 놀랐습니다. 그래서 각 나라 말로 번역 출판되었는데, 우리나라에서도 『잠깐 보고 온 사후의 세계』 또는 『죽음의 세계』라는 제목으로 출판된 적이 있습니다.

레이몬드 무디 교수의 연구가 세상에 알려지게 되자 그동안 영혼이나 죽음의 세계에 대해 연구를 해오면서도 인정을 받지 못했던 사람들의 결과가 다시 주목받기 시작하여 여러 사람들이 새롭게 조사에 착수하였습니다. 이것을 전문 용어로 근사경험近死經驗이라고 하고, 또 영어로는 약어를 써서 엔디이NDE, Near Death Experience라고 하며, 이에 대한 연구를 근사연구近死研究라고 합니다.

많은 사람들의 연구 결과 근사경험에 관한 사례는 수천 건이 수집되었는데, 그런 학자들 중에 가장 이름난 사람이 미국의 시카고대학에 있는 퀴블러 로스E. Kubler Ross 교수입니다. 이 여자 교수는 무디 교수의 발표 이전에 이미 많은 자료를 수집해 놓고 있었습니다. 무디 교수가 자신이 출판하려는 원고를 가지고 와서 그 여자에게 출판을 상의한 적도 있었습니다. 퀴블러 로스 여사는 그 원고가 자신이 수집한 자료와 같고 또 결론도 동일하여 무디 교수의 책에 서문만 써 주고 자신의 책은 출판하지 않았던 것입니다.

무디 교수는 1977년 두 번째 책인『사후생死後生에 대한 회고 Reflections on Life after Life』를 출판하여 좀더 자세하게 근사경험에 대해 발표했습니다. 여기에서 그는 죽음 뒤에도 삶이 있음을 확신한다고 결론을 내리고 있습니다.

이런 연구에 대해서 영혼이나 정신을 유물론적으로 보는 소련의 학자들은 이의를 제기합니다. "사람의 신체 중에서 뇌세포는 맨 나중에 소멸하므로 아직 죽지 않은 뇌세포에서 발생하는 일종의 환상일 뿐이지 죽은 뒤에 실제로 어떤 활동체가 있어서 활동하는 것은 아니다."라고 합니다.

이러한 주장은 많은 학자들에게 공감을 주기는 했지만 여기에는 시간의 문제가 있습니다. 소생기억이 일, 이 분 동안의 사망에 불과한 것이라면 몰라도 적어도 한두 시간이나, 길면 이틀이나 사흘씩 죽었다가 깨어나는 경우에는 그런 주장이 성립될 수 없습니다. 왜냐하면 육체가 죽은 뒤에도 뇌세포만이 몇 시간 동안 또는 며칠 동안 살아 있다는 것은 결코 있을 수 없는 일이기 때문입니다. 이렇듯이 근사경험이라고 하는 소생기억에 대한 반대 의견들은 현재까지로서는 이렇다 할 만한 뚜렷한 자료나 근거를 뒷받침하고 있지 못한 실정입니다.

사후에 영혼이 있다는 주장에 관한 오래되고 유명한 기록이 플라톤의 『공화국』에 있습니다. 그 이야기는 이렇습니다. 어느 군인이 전사하였습니다. 여러 날이 지난 뒤에 군인의 시체를 고향으로 옮겨서 장사를 치르게 되었습니다. 그런데 시체를 화장하려고 장작더미에 올려놓는 바로 그 순간에 그 군인이 되살아났습니다. 그는 깨어난 뒤에 자신이 죽어 있는 동안에 활동한 여러 가지를 이야기하였습니다.

이런 오랜 이야기도 무디 교수의 조사 사례와 일맥상통하는 점이 많음을 간과할 수는 없습니다.

3. 영혼사진

죽었다가 깨어난 사람들에 의해 영혼이 있다는 것은 확인되었는데 영혼을 실제로 본 사람은 없는가? 우리나라에서도 옛날부터 원혼怨魂이라고 하여 억울하게 죽은 사람의 영혼이 나타나 사람들을 놀라게 했다는 이야기가 많이 전해져 옵니다. 현대인들은 이런 이야기를 단순히 전설로만 이해하려 들지만, 사실 우주과학 시대라는 요즘에도 그런 일은 더러 일어나고 있습니다.

다음의 사건은 1848년 3월 31일에 일어났던 것입니다.

미국의 뉴욕 주에 하인즈 빌이라는 촌락이 있었습니다. 하루는 이 마을에 독일계 사람으로 폭스라는 이가 이사를 와서 살게 되었습니다. 폭스가 이사 온 지 며칠이 지난 어느 날, 누군가 밖에서 문을 두드렸습니다. 그때 폭스는 저녁 식사를 마친 뒤 가족과 둘러앉아 이야기를 하고 있었기에 문 두드리는 소리에 그냥 들어오라고 소리쳤지만 아무 응답이 없었습니다. 그래서 다시 가만히 있노라니 또 문을 두드리는 소리가 들리고 나가 보면 아무도 없고 해서 나중에는 큰 소리를 쳤습니다. 그러자 문 밖에서 소리가 들렸습니다. 그 목소리의 주인공은 자기는 사람이 아니고 영혼이라고 말하면서, 이름은 로스이고 이 집에서 죽었는데 자신의 시신이 지하실에 묻혀 있으니 그것을 파내서 장례를 치러 달라고 호소하는 것이었습니다. 폭스의 가족들은 놀라서 경찰을 불러 지하실을 파 보니 과연 시신이 나왔습니다.

그런데 경찰이 생각해 보니 폭스가 이사 온 지 얼마 되지도 않았는데 지하실에 시신이 묻혀 있는 곳을 정확히 아는 것을 수상히 여겨 폭스를 연행했습니다. 그런데 그 다음 날 또 영혼이 나타나서 말하기를 나를 장례까지 치러 주었는데 이렇게 고생을 시켜 미안하다고 하며 자기를 죽인 사람은 앞집에 살던 죠지 백이라고 일러주는 것이었습니다. 경찰이 다시 그 죠지라는 사람을 잡아 조사를 해 본 결과, 과연 그가 살인범이라는 것이 밝혀졌습니다.

이 이야기가 전국에 퍼져나가자 사람들은 영혼은 과연 존재하고 인간이 영혼과 접촉할 수도 있다는 사실을 인식하게 되었습니다. 그리하여 1851년에는 영국의 캠브리지 대학에서 심령학회가 조직되었으며, 그로부터 1세기도 더 지난 1972년 12월에는 미국 로체스터에서 열린 국제회의에서 '하인즈 빌 사건'을 기념하는 기념비를 세울 것을 결의하여 뉴욕 시 73번가에 8미터 높이로 기념비를 세운 한편, 영혼의 존재에 대하여 활발한 조사와 연구가 진행되었습니다.

그밖에도 영혼이 나타났다는 일화는 많이 전해지고 있습니다. 다음 이야기는 신문에도 몇 번 보도가 된 것입니다.

미국의 트루먼 대통령 재임 시에 네덜란드의 유리아나 여왕이 미국을 방문한 적이 있습니다. 여왕은 백악관에서 묵게 되었는데, 한밤중에 밖에서 문을 두드리는 소리에 잠에서 깨어나 자기의 시녀인 줄 알고 문을 열어 주었습니다. 그런데 놀랍게도 문 앞에는 링컨 대통령이 서 있는 것이었습니다. 링컨 대통령은 너무나 잘 알려져 있는 터라 한눈에 그 얼굴을 알아볼 수가 있었습니다. 여왕은 그렇지 않아도 백악관에 영혼이 나온다는 이야기를 들은 적이 있었는데 실지로 그 장면을 목격하게 되자 너무 놀라서 소리를 지르며 정신을 잃고 말았습니다.

옆방의 시녀들이 비명소리를 듣고 뛰어나와서 여왕을 간호했는데 그때까지 링컨 대통령의 영혼은 그 자리에 서 있었습니다. 그래서 시녀들도 영혼을 보게 되었습니다. 만일에 여왕이 혼자서 보았다면 환상이나 착각이라고 할 수 있겠지만 시녀까지 함께 보았으니 그것은 틀림없는 사실일 수밖에 없습니다. 다음 날 아침 트루먼 대통령에게 그 이야기를 했더니 그 역시 링컨 대통령의 영혼을 여러 번 보았다고 하는 것이었습니다. 루즈벨트 대통령 시절에도 그 부인이 링컨 대통령의 영혼을 보았다고 증언한 적이 있습니다.

이 사건은 거짓말이라고 하여 무시하기에는 너무도 증거가 뚜렷합니다. 그래서 자주 이런 일이 일어나니까 영혼사진을 찍어 보자고 해서 사진을 찍어 신문에 보도한 적도 있습니다. 그 사진은 나도 본 적이 있는데 링컨 대통령이 살아 있던 때의 모습과 완전히 똑같았습니다.

이렇게 영혼이 있다는 사실이 갈수록 뚜렷하게 증명되고 있습니다. 영혼을 본 사람들의 이야기를 종합해 보면 그 특징을 다음의 다섯 가지로 간추릴 수 있습니다.

첫째로, 영혼은 모양을 드러냅니다. 그것을 여러 사람이 봅니다.

둘째로, 영혼은 말을 합니다. 이 말하는 것도 여러 사람이 듣습니다.

셋째로, 영혼은 사람 눈에만 보이는 것이 아니라 짐승의 눈에도 보입니다. 한 예로 여러 사람이 함께 사냥을 나갔을 때에 영혼이 나타나면 말이나 개들도 겁이 나서 숨는다고 합니다.

넷째로, 영혼이 물체를 이동시킵니다. 잠가 놓은 문을 연다든지 방안의 물건을 이리저리 옮겨 놓기도 합니다.

다섯째로, 영혼사진을 찍는 것이 가능합니다. 영혼을 보았다는 수많은 사람들의 증언이 있지만 그래도 그것을 믿기는 어렵습니다. 그러나 영혼을 사진으로 담는 데에 성공했다면 믿지 않을 수가 없을 것입니다.

영혼사진이 최초로 성공한 것은 지금부터 일백여 년 전인 1861년 미국 뉴욕 시에 살던 멈러Mumler 씨에 의해서입니다. 멈러 씨가 하루는 교외에 가서 풍경사진을 찍었습니다. 그런데 집에 와서 현상을 해보니 나무 밑에 어떤 사람이 앉아 있는 것이었습니다. 그가 사진을 찍을 때는 나무 밑에 아무도 없었기 때문에 그는 이상하게 생각했습니다. 그 뒤에 멈러 씨는 다시 그곳에 가서 사진을 찍으면서 주위를 두루 살피어 아무도 없음을 확인하였습니다.

그러나 현상을 해보면 역시 사람이 앉아 있는 것입니다. 이것을 여러 차례 반복을 해보았으나 결과는 늘 마찬가지였습니다. 멈러 씨는 너무 이상해서 그 사진을 들고 인근 주민에게 물어보았습니다. 그랬더니 사진에 나타난 사람은 5년 전에 이미 죽은 사람이라는 것이었습니다. 멈러 씨는 그래서 이번에는 주민들과 함께 다시 그 자리에 가서 사진을 찍어 보았는데 마찬가지로 죽은 사람이 나타나는 것이었습니다. 결국 이로 말미암아 멈러 씨의 사진은 영혼사진이라고 소문이 났습니다. 그때부터 그는 영혼사진사로 유명해지기 시작했습니다. 그래서 여러 사람들이 그에게 와서 사진을 찍기도 하였습니다.

하루는 친달 부인이라는 여자가 그에게 와서 면사포로 얼굴을 가리고 사진을 찍어 달라고 했습니다. 촬영을 마치고 현상을 해보니 부인의 어깨에 양손을 얹고 있는 링컨 대통령의 모습이 나타났습니다. 그래서 그 부인에게 물어보았더니 자신이 링컨 대통령의 미망인이라는 것입니다. 사진을 찍기 전에 미리 링컨 대통령의 미망인이라고 하면 링컨 대통령의 사진을 구해다가 거짓된 영혼사진을 찍는 일이 있지 않을까 해서 그 부인은 신분을 숨기고 얼굴까지 가리고 사진을 찍었던 것입니다. 그 뒤로 멈러 씨는 더욱 유명해지고 돈도 많이 벌게 되었다고 합니다.

멈러 씨가 이렇게 유명해지자 정부 당국에서 조사를 하기 시작했습니다. 자기들의 상식으로는 도저히 납득이 되지 않았기 때문입니다. 결국 이 사건은 대법원까지 올라가게 되어 마침내는 과학자, 철학자, 심리학자, 언론인까지 동원시켜 조사하게 되었습니다. 조사단은 멈러 씨와 함께 그가 처음으로 영혼사진을 찍었던 곳에 가서 다시 사진을 찍게 한 뒤에, 모두가 엄중하게 지켜보는 가운데에서 현상을 해보았습니다. 그런데 이번에도 어김없이 영혼의 모습이 나타나는 것이었습니다. 그래서 대법원도 그의 사기혐의에 관해 결국 무죄판결을 내렸습니다. 이것이 멈러 씨의 영혼사진 사건인데 1869년 4월 22일자 뉴욕타임즈에 상세히 보도된 적이 있습니다.

이 사건으로 말미암아 많은 사람들이 영혼사진에 관심을 갖기 시작했습니다. 그 중에서는 직접 사진을 찍는 데에 성공한 사람도 있는데, 그가 영국의 허드슨William Henry Hudson입니다.

그 당시에 월레스A. Wallace(1823~1913)라는 유명한 박물학자가 있었는데, 그는 다윈과 같이 진화론을 주창한 사람입니다. 월레스는 허드슨의 영혼사진 이야기를 듣고 허드슨에게서 자기도 사진을 찍어 보았습니다. 그랬더니 자신의 사진에 죽은 어머니의 모습이 함께 찍혀 나오는 것이었습니다. 월레스는 그 사진을 보고 영혼사진이 존재함을 인정하고 정식으로 학계에 그 사진을 첨부해서 보고서까지

제출했다고 합니다. 월레스 같은 대과학자가 영혼사진에 대해서 거짓으로 증언할 리가 없으므로, 이것은 믿을 수밖에 없는 일입니다.

대체로 영혼사진을 찍으면 거기에 나오는 영혼이 어느 때, 어느 곳 사람인지 알 수 없는 경우가 많은데, 영국의 호프Hope(1863~1933)라는 사람은 신분이 확인된 영혼사진을 무려 삼천 장이나 촬영하는 데 성공했습니다. 이쯤 되면 그 누구도 영혼사진을 무시할 수가 없을 것입니다.

영국의 유명한 철학자이며 과학자인 크룩스Sir William Crookes(1832~1919)도 호프에게 가서 사진을 찍어 보았습니다. 그랬더니 사진에 자신의 죽은 부인이 함께 나타나는 것이었습니다. 이때부터 크룩스 씨도 영혼사진이 결코 거짓이 아닌 사실임을 증언하게 되었습니다.

이렇듯이 영혼사진은 많은 사람이 직접 찍고 또 이름난 과학자나 저명인사들이 그것을 직접 확인하고 나서 스스로 증언까지 하게 됨으로써, 상당히 신빙성 있는 것이 되었습니다. 그래도 믿을 수 없다 하여 모두 거짓이라고 한다면 어쩔 수 없겠지만, 일이 이 정도가 되면 영혼이 있다는 것은 의심할 수가 없을 것입니다.

영혼사진을 찍는 것이 가능하다면 그와 관련해서 한 가지 의문이 생깁니다. 곧 영혼이란 정신체인데, 죽은 사람의 정신체인 영혼이 카메라에 비친다고 하면 산 사람의 정신 작용도 카메라에 나타나야 하지 않겠느냐는 것입니다.

미국의 세리우스Ted Serios라는 사람이 이에 관하여 열두 해에 걸쳐 연구하여 마침내 성공하였습니다. 카메라를 준비해 두고 그 앞에서 자동차를 생각하고 있으면 자동차가 사진에 나타나고, 빌딩을 생각하면 빌딩이 찍힙니다. 머릿속에서 생각하는 대로 모두 사진이 되어 나오는 것입니다. 이것이 유명한 생각사진[念寫]이라는 것으로, 세리우스는 이런 사진을 여든 장쯤 찍었습니다. 그때에 아이젠버드 Eisenbird라는 교수가 이 사람에 대해 의혹을 가지고 3년 동안 연구하였습니다. 속임수가 있는가 하여 이리 연구하고 저리 연구하고 또 이렇게 실험해 보고 저렇게 실험해 보았으나, 결국 그것이 거짓이 아님을 알게 되었습니다. 과연 생각하는 대로 사진에 나타나는 것이었습니다. 그리하여 아이젠버드 교수는 『세리우스의 세계』라는 책을 출판하여 세계적으로 유명해졌습니다.

이제 생각사진까지 입증되고 보니, 어떻게 눈에 보이지 않는 영혼을 사진으로 찍을 수가 있느냐는 의문은 더 이상 나올 수가 없게 되었습니다. 따라서 영혼이 다만 눈에 보이지 않는다고 해서 부정할 수는 없는 것입니다.

4. 영혼의 물질화

우리나라에도 옛날이야기에 보면 영혼이 있음을 시사하는 이야기가 많이 전해 옵니다. 이를테면 어떤 선비가 산 속에서 길을 잃고 헤매다가 아름다운 아가씨를 만나게 되어 함께 살았다는 이야기가 있습니다. 이렇게 함께 살던 어느 날, 그 아가씨가 친정에 간다고 해서 따라가 보면 집에 들어가서 나오지를 않는 것입니다. 그래서 기다리다 못해 들어가서 물어보면 그 아가씨는 이미 죽은 사람인데 그 날이 바로 그 여자의 제삿날이라고 하는 것입니다. 결국 산 사람이 영혼과 함께 살았다는 이야기가 됩니다.

　이와 같은 사례가 옛날 이야기로만 전해 오는 것이 아니라 현대에 와서도 영국에서 실제로 일어났습니다. 영혼을 기술적인 방법으로 산 사람처럼 나타나게 해서 같이 살 수 있다고 합니다. 이렇게 하는 것을 '영혼의 물질화'라고 하는데, 앞에서 영혼사진을 입증했던 크룩스라는 학자가 바로 이 작업에 성공했습니다. 그는 케디 킹이라는 여자의 영혼을 물질화시켜 여섯 달 동안 함께 생활하였습니다. 말하는 것이나 행동하는 것 따위가 보통 사람과 똑같았습니다. 아이들에게 글도 가르쳐 주고, 이야기도 하고, 손님이 오면 접대도 하는 등 어떤 일이든 할 수 있었습니다. 다만 다른 점이 있다면 먹지 않는다는 것과 몸무게를 달아 보아도 무게가 없다는 것입니다. 그리고 어떤 사람이 그 여자의 머리카락을 잘라서 싸 가지고 자기 집에 가서 펴 보았더니 머리카락이 온데간데 없다고 합니다. 또 바로 옆에서 머리카락을 자르면 땅에 떨어지는 순간 사라지고 만다고 합니다.

　세계적으로 유명한 대과학자인 크룩스가 영혼을 물질화시켜서 여섯 달 동안이나 함께 지낸다고 하자 그 소문이 영국 나라 안에 모두 퍼졌습니다. 그리하여 그때의 유명한 사람들 가운데 꽤 많은 사람이 그 케디 킹이라는 영혼과 함께 사진을 찍었습니다. 그때 찍은 사진이 수천 장이나 되는데 내게도 여러 장이 있습니다.

　지금까지 근사近死경험이니 영혼사진이니 하는 것들에 대하여 소개했습니다. 그것은 단순한 흥미거리로서 한 이야기가 아닙니다.

바로 일체만법이 불생불멸이라는 사실을 입증하기 위해서 한 이야기들입니다. 물질적인 현상뿐만이 아니라 정신적인 면에서도 불생불멸한다는 사실이 여실히 증명된 것입니다.

그런데 영혼이 불생불멸이라면 역사 이래로 수많은 사람이 태어나고 죽는 일이 거듭되어 왔는데 그 많은 영혼이 어디에 있는지 궁금해집니다. 이 우주에 가득 차 있는지, 아니면 따로 영혼만이 사는 나라가 있는지가 궁금한 것입니다.

불교에서는 근본적으로 윤회輪廻를 주장합니다. 그러나 한때는 학자들이 윤회설은 인간들에게 권선징악勸善懲惡을 가르치기 위한 방편일 뿐이라고 주장한 적도 있었습니다. 그런데 영혼이 존재한다는 사실이 입증되고, 불생불멸이 과학적으로 증명되자 이러한 주장은 사라지게 되었습니다. 실지로 전생과 윤회가 있다는 사실이 많은 사람들에 의해 조사되었을 뿐만 아니라 이제는 과학적인 통계까지 나와 있습니다.

불교에서는 6도六道윤회를 이야기합니다. 6도란 지옥地獄·아귀餓鬼·축생畜生·아수라阿修羅·인간人間·천상天上의 여섯 세계를 의미합니다. 사람은 자신이 지은 업業에 의해 6도를 윤회합니다. 인간이 되기도 하고 개나 소 같은 축생이 되기도 하니, 이 윤회는 바로 자신이 행한 바에 따라서 결정이 되는 것입니다. 그러나 이것은 자기의 앞날의 일이 전생에 이미 정해져 있다는 결정론決定論이나 숙명론宿命論과는 다릅니다. 흔히 사람들은 자기에게 나쁜 일이 닥치면 자기의 업이나 팔자 탓으로 돌려 버리고 맙니다. 그리고 자기는 아무리 잘해도 업이 두텁고 팔자가 그러니 어쩔 수 없다고 포기하는데 이것은 잘못된 생각입니다. 비록 현재에 받는 과보果報는 지난날의 업에 의해 그렇게 되었을지라도, 그것을 극복하고 새로운 선업善業을 닦는 것은 지금의 자기 자신의 의지입니다. 물속에 있는 무거운 돌을 입으로만 떠오르라고 외친다면 떠오르지 않습니다. 그 돌을 떠오르게 하려면 스스로 힘을 쓰든지 기계의 힘을 빌리든지 하는 구체적인 노력을 기울여야 합니다. 마찬가지로 자신의 업을 소멸시키기 위해서는 스스로 노력하는 것이 최선의 길입니다.

이러한 윤회사상은 부처님께서 최초로 하신 말씀은 아닙니다. 부처님 이전에도 있었지만 이것이 진리임에는 틀림이 없기 때문에 부처님의 가르침으로 믿는 것입니다. 결국 이 윤회사상에 의하면 영혼은 따로 거처가 있는 것이 아니고, 생을 거듭하면서 몸을 바꾸어 나타나는 것입니다.

5. 사자死者의 서書

티베트 지방에 전하는 경전 중에 바르도 토에돌Bardo Thödol 곧 『사자의 서』라는 책이 있습니다. 이것은 죽는 사람[死者]과 죽음에 대한 안내서로서, 죽는 사람에게 이 책을 읽어 주는 것만으로도 그 영혼은 해탈을 얻을 수 있다고 알려져 있습니다.

이 책은 세 부분으로 되어 있는데 첫째 부분(치카이 바르도 Chikhai Bardo)은 죽음의 순간을 묘사하고 있고, 둘째 부분(초이니드 바르도 Chönyid Bardo)은 죽음 직후에 잇달아 일어나는 꿈과 같은 상태를 설명하며, 셋째 부분(시드파 바르도 Sidpa Bardo)은 출생 충동과 출생 이전의 과정에 관해 설명하고 있습니다. 이 책에 따르면 죽음에서 출생에 이르기까지는 보통 49일이 걸린다고 합니다. 그래서 이 기간 동안에 사자死者의 영혼이 나쁜 유혹에 빠지지 않도록 부처님의 말씀인 대승경전을 읽어 주거나, 또는 『사자의 서』에 나오는 글을 읽어 주면 좋은 곳으로 왕생할 수 있다고 합니다. 불교에서 사람이 죽으면 49재를 지내는 것은 이러한 믿음에서 비롯된 것입니다.

그런데 『사자의 서』에 나오는 죽음의 순간에 대한 기록을 보면, 근래의 연구인 죽었다가 깨어난 사람의 증언, 곧 근사경험과 너무 비슷합니다. 『사자의 서』에 보면 숨이 끊어질 때에 밝은 광명을 경험할 것이라 하면서 그것은 마음의 본래 상태라고 말하고 있습니다. 그리고 사자死者의 영혼은 친구들이나 친척들이 울부짖는 소리를 들을 수 있지만, 자기 자신이 그들을 부르는 소리는 사람들이 듣지 못하므로 마침내 사자는 실망하고서 사라져 간다고 합니다.

이 『사자의 서』는 티베트의 승려들 사이에서 비전秘傳으로 내려오다가 세상에 알려진 것은 1900년대의 일이니만큼, 어느 누가 이 책을 미리 보고 마치 죽음의 세계를 경험한 것처럼 꾸며서 말했다고는 볼 수 없습니다. 그렇다면 오랜 세월이 흘렀지만 예나 지금이나 죽음의 세계에 대한 경험은 똑같다는 것이 증명되는 셈입니다.

사람이 죽은 뒤에 다시 태어날 때까지의 영혼을 중음신中陰神 곧 바르도Bardo라고 합니다. 이 중음신은 전혀 다른 새로운 경험을 하면서 두려워하는 수가 많다고 합니다. 이때 선업善業이 강하면 곧 안정을 되찾고 바로 다음 생으로 이어지게 됩니다. 그러나 그렇지 못하거나 가족 친지의 울음소리가 너무 강하게 들리면, 그만 세상에 집착하는 마음이 생겨 올바른 길을 찾아가지 못하고 허공을 헤매게 된다고 합니다. 그래서 불교에서는 사람이 죽으면 좋은 곳으로 왕생하라고 염불이나 경을 독송해 주는 것입니다. 이 중음신들은 자기의 업력業力에 따라 다음 생을 받아 다시 태어나는데 7일 만에 태어나는 경우도 있고, 49일을 채우고 태어나는 경우도 있다고 합니다.

지금까지 영혼이 있다는 것과 그 영혼이 다음 생을 받아 다시 태어나는 것에 대해서 이야기했는데, 이것이 종교적인 상상의 세계에 불과한 것이 아닐까 하고 많은 사람들이 의심을 품어 왔습니다. 윤회는 있을 수 없다고 생각하기 때문입니다. 그럼에도 불구하고 종종 자기의 전생을 기억하고 이야기하는 사람들이 있는 것입니다. 이제부터는 그에 대하여 살펴보겠습니다.

2장_윤회는 있다

1. 전생기억

전생을 기억하는 경우는 대개 두서너 살 되는 아이들에게서 나타나는데, 이들은 말을 배우게 되면서 전생의 이야기를 하기 시작합니다. 곧 "나는 전생에 어느 곳에 살던 누구인데 이러이러한 생활을 했다." 하는 식으로 이야기를 합니다. 그 말을 따라서 조사를 해보면 모두 사실과 맞곤 합니다. 이것이 전생기억입니다. 한 가지 예를 들어 보겠습니다.

지금부터 25년 전 터키 남부의 아나다라는 마을에 이스마일이라는 어린 아이가 있었습니다. 그 집은 정육점을 하는데 이스마일이 태어난 지 일 년 반쯤 되던 어느 날 저녁에 아버지와 침대에 누워 있다가 문득 이런 소리를 하는 것이었습니다.

"이제 우리 집에 갈 테야. 이 집에는 그만 살겠어요."

"이스마일아, 그게 무슨 소리냐, 여기가 네 집이지 또 다른 네 집이 어디 있어?"

"아니야, 여기는 우리 집이 아니야! 우리 집은 저 건너 동네에서

과수원을 하고 있어. 내 이름도 이스마일이 아니고 아비스스루무스
야. 아비스스루무스라고 부르세요. 그러지 않으면 이제부터는 대답
도 안 할 테야."

이러는 것이었습니다. 그러면서 또 말했습니다.

"나는 저 건너 동네 과수원집 주인인데 쉰 살에 죽었어. 처음에
결혼한 여자는 아이를 못 낳아서 이혼하고 새로 장가를 갔어. 그러
고는 아이 넷을 낳고 잘 살았지. 그러다가 과수원에서 일하는 인부
들과 싸움을 벌여서 머리를 맞아 죽었어. 마구간에서 그랬지. 그때
비명소리를 듣고 부인과 애들 둘이 뛰어나오다가 그들도 맞아 죽었
어. 한꺼번에 네 사람이 죽었지. 그 뒤에 내가 이 집에 와서 태어난
거야. 아이들 둘이 지금도 그 집에 있을 텐데 그 애들이 보고 싶어서
안 되겠어."

그리고는 자꾸 전생의 자기 집으로 가겠다고 합니다. 그리고 그런
소리를 못 하게 하면 울고, 그러다가 또 전생 이야기를 하는 것입니
다. 한번은 크고 좋은 수박을 사왔는데, 이 어린아이가 가더니 가장
큰 조각을 쥐고는 아무도 못 먹게 하는 것입니다.

"내 딸 구루사리에게 갖다 줄 테야! 그 애는 수박을 좋아하거든."

그가 말하는 전생에 살던 집은 별로 멀리 떨어지지 않은 곳이어서
그 지방 사람이 더러 이 동네에 오는 경우가 있었습니다. 한번은 웬
아이스크림 장수를 보더니 그 어린아이가 뛰어나가서 말했습니다.

"내가 누군지 알겠어?"

알 턱이 있겠습니까.

"나를 몰라? 아비스스루무스야. 네가 전에는 우리 과수원의 과

일도 갖다 팔고 채소도 갖다 팔았는데 언제부터 아이스크림 장사를 했지? 내가 또 네 할례割禮도 해주지 않았더냐?"

놀랍게도 그의 이야기는 모두 사실과 일치하였습니다. 그리하여 이 소문이 자꾸자꾸 퍼져나가게 되었습니다. 터키는 회교국이기 때문에 회교 교리에 따라 윤회를 부인하는 곳입니다. 그러므로 만약 환생을 주장하면 결국 그 고장에서 살 수 없게 됩니다. 그래서 어른들은 아비스스루무스가 전생 이야기를 하지 못하도록 자꾸 아이의 입을 막으려고 하였으나 막을 도리가 없었습니다.

아이가 세 살이 되던 해였습니다. 확인도 해볼 겸 아이를 그가 말하는 과수원으로 데리고 갔습니다. 가는 도중에 함께 가는 사람이 다른 길로 가려면 아이는 "아니야, 이쪽 길로 가야 해." 하면서 한번도 가보지 않은 길을 앞장서서 과수원으로 조금도 서슴지 않고 찾아 들어가는 것이었습니다. 과수원에는 마침 이혼한 전생의 마누라가 앉아 있다가 웬 어린아이와 그 뒤를 따라오는 많은 사람들을 보고 눈이 둥그렇게 되어 쳐다보았습니다. 어린아이는 전생 마누라의 이름을 부르며 뛰어가더니 다리를 안으며 말했습니다.

"너 고생한다."

어린아이가 중년 부인을 보고 "너 고생한다."고 하니, 부인은 더욱 당황했습니다.

"놀라지 말아라. 나는 너의 전 남편인 아비스스루무스이다. 저 건너 동네에서 다시 태어나 지금 이렇게 찾아왔어."

또 아이들을 보더니, "사귀, 구루사리, 참 보고 싶었다." 하면서 마치 부모가 자식을 대하듯 하는 것이었습니다. 또 사람들을 자기가 맞아 죽은 마구간으로 데리고 갔습니다. 전에는 좋은 갈색 말이 한 필 있었는데 그 말이 안 보이니 어떻게 되었는지 묻고서, 팔았다고 하니 무척 아까워했습니다. 그리고 그곳에서 일하던 여러 인부들을 보지도 않고서 누구, 누구 하며 한 사람씩 이름을 대면서 나이는 몇 살이고 어느 동네에 산다고 말하는데 그 말들이 모두 맞는 것이었습니다. 그러니 어떻게 전생의 과수원 주인이 아니라고 할 수 있겠습니까?

이것이 결국 세계적인 화젯거리가 되어 이스마일이 여섯 살이 되던 1962년에 학자들이 전문적이고 과학적으로 조사하기 위해 조사단을 조직하였습니다. 이때 일본에서도 다수의 학자들이 참여했습니다. 그 조사 보고서에 보면 확실하고 의심할 수 없는 전생기억으로 다음과 같은 것이 있습니다. 그 과수원 주인이 생전에 돈을 빌려 준 것이 있었는데 돈을 빌려 간 사람은 아비스스루무스가 죽어 버리자 그 돈을 갚지 않았습니다. 이스마일은 그 돈을 빌려 간 사람을 불렀습니다.

"네가 어느 날 돈 얼마를 빌려 가지 않았느냐. 내가 죽었어도 내 가족들에게 갚아야 할 것이 아니냐. 그런데 왜 돈을 떼어먹고 여태 갚지 않았어?"

돈 빌려 간 날짜도 틀림없고 액수도 틀림없었습니다. 안 갚을 수 있겠습니까! 이리하여 전생 빚을 받아냈습니다. 이 사실은 죽은 아비스스루무스와 돈 빌려 쓴 사람, 두 사람 외에는 아무도 모르는 비밀이었습니다. 그런 것을 어린아이가 어떻게 알 수 있었을 것이며 또 누가 말해 주었겠습니까? 그리하여 조사단은 이스마일이 바로 아비스스루무스의 환생이라는 사실에 대해 확정을 짓는 보고서를 냈습니다.

전생을 기억하는 사례 중에서 또 유명한 것으로 인도의 산티 데비Santi Devi의 이야기가 있습니다.

산티 데비는 1926년 인도의 델리에서 태어났는데 세 살 때부터 자꾸 전생 이야기를 하는 것이었습니다. 자기는 전생에 무트라Muttra 지방에 사는 케다르Kedar라는 사람의 아내였는데 자기를 그곳으로 보내 달라는 것이었습니다. 산티 데비는 이 이야기를 시작으로 여러 가지 전생 이야기를 하였습니다. 산티 데비의 부모는 처음에는 아이가 정신이 좀 이상한 것이 아닌가 하고 걱정을 했습니다. 그러나 전생 이야기를 너무나 생생하게 하기 때문에 나중에는 무슨 곡절이 있을 거라고 생각했습니다.

그래서 어느 날 아이가 말하는 무트라 지방에 가서 케다르라는 사람을 찾아보았더니 과연 그런 사람이 살고 있었으며, 아이가 말한 대로의 생활을 하고 있었습니다. 산티 데비의 부모는 그 사람을 만나 이야기를 하였습니다. 자기 집에 일곱 살 되는 계집아이가 있는데 자꾸 전생 이야기를 하면서 당신의 아내였다고 하니 그것이 정말인지 확인해 보고 싶다고 했습니다. 그러면서 어느 날 몇 시에 자기 집으로 와서 확인해 보자고 제의했습니다.

산티 데비의 부모는 이렇게 비밀리에 약속을 하고 돌아왔습니다. 약속을 한 그 날에 케다르 씨는 산티 데비의 집을 방문하였습니다. 그가 문에 들어서자 이를 본 산티 데비는 깜짝 놀라며 반색을 하고 뛰어나가 그를 맞이하는 것이었습니다. 그러면서 "당신을 항상 생각하며 당신에게 가려고 해도 이 집에서 보내주지 않아서 못 갔다."고 하는 것이었습니다. 그리고는 전생의 남편인 케다르를 따라가겠다고 하는 것이었습니다. 산티 데비는 옆에 앉아서 이런저런 이야기를 계속하던 중에 자기가 죽으면 재혼하지 않겠다고 해 놓고 왜 장가를 갔느냐고 다그치기도 하였습니다. 또 자기 어머니에게 케다르가 좋아하는 음식을 말하면서 그것을 준비해 달라고도 했습니다. 이렇게까지 자신에 대해 상세히 말을 하자 케다르 씨는 그만 울음을 터뜨리고 말았습니다. 비록 어린아이지만 말하는 것이나 행동하는 것 등을 볼 때 전생의 자기 아내임이 틀림없었기 때문이었습니다.

산티 데비의 전생 이야기가 알려지게 되자 인도 정부에서는 정확한 사실을 확인하기 위해 조사단을 조직하였습니다. 조사단은 산티 데비를 데리고 무트라 마을에 가서 조사를 시작했습니다. 우선 집을 찾도록 했습니다. 산티 데비는 너무나 오랫동안 산 곳이라 눈을 감고도 척척 찾는 것이었습니다. 얼마쯤 가면 느티나무가 있는데 거기서부터 길이 좁아지니 거기서 차를 멈추어야 한다고 말하기도 했습니다. 이윽고 산티 데비는 앞장서서 옛날에 자기가 살던 집으로 들어가서 머리가 허연 노인에게 "아버님, 안녕하세요?" 하고 인사를 하는 것이었습니다. 그 노인은 전생의 시아버지이었습니다. 그리고 아이들을 불러서 한 사람씩 이름을 말하는데 모두 사실과 다름이 없었습니다.

산티 데비는 살림을 돌아보고 나서 살림이 궁색해졌다고 하며 지하실에 묻어 둔 금을 파서 살림에 보태 쓰자고 말하는 것이었습니다. 그리고 사람들을 데리고 지하실로 가서 가리킨 곳을 파 보았으나 빈 궤짝만 나오고 금은 나오지 않았습니다. 그래서 남편에게 물어보니 남편이 그 금을 파내어 썼다는 것이었습니다. 결국 그 이야기로 전생에 산티 데비가 지하실에 금을 묻어 둔 것은 사실임이 판명되었습니다. 그래도 조사단은 계속해서 의심을 품고 있었습니다. 그런데 한 가지 기이한 사실을 발견하게 되었습니다.

델리와 무트라는 아주 멀리 떨어져 있어서 말이 서로 달랐습니다. 산티 데비는 델리에서만 살았고, 아직 교육을 받은 적이 없기 때문에 무트라 지방의 말을 알 리가 없었습니다. 그런데 무트라 지방의 말을 하는 것이었습니다. 평범한 어린아이라면 무트라라는 지방이 있다는 것도 잘 모를 텐데 억양도 말씨도 틀림없는 그 지방의 말을 사용하는 것이었습니다. 이 점에서 조사단은 더 이상 의심을 할 수가 없게 되었습니다. 이러한 사실 외에도 여러 가지를 검증해 본 결과 조사단은 산티 데비가 전생의 케다르 씨의 아내가 환생한 것임이 틀림없다고 결론을 내렸습니다. 그래서 인도 정부에 다음과 같은 공식 성명서를 냈습니다.

"산티 데비의 환생 문제는, 더러 반대하는 의견을 갖고 있는 사람도 있으나, 전국적으로 권위 있는 사람들이 직접 상세히 조사해 본 결과 조금도 거짓말이 아닌 틀림없는 사실임을 확인하였다."

그리하여 이 사건은 전 세계에 알려져 전생기억의 대표적 사례가 되었습니다. 그 후 산티 데비는 인도의 수도인 뉴델리에서 공무원으로 살고 있다고 하는데 지금은 나이가 많아 생존 여부는 확실하지 않습니다.

앞에서 이야기한 이스마일이나 산티 데비의 예와 같은 전생기억의 사례는 학계에 보고된 것만 해도 무수히 많습니다. 그 중에 한두 가지만 더 이야기하겠습니다.

몇 해 전 스리랑카에서의 일입니다. 태어난 지 3년 7개월 된 쌍둥이가 있는데 자꾸 전생 이야기를 하는 것입니다. 그래서 조사단이 그 아이를 전생에 살았다는 곳으로 데리고 갔습니다. 그리고는 근처의 주민들을 수백 명 모으고 그 가운데에 그 아이가 말하는 전생의 부모형제들을 섞어 두었습니다. 그리고는 그 아이더러 전생의 부모와 형제를 찾아보라고 하였습니다. 그러자 아이는 "이 사람은 아버지, 이 사람은 어머니, 이 사람은 누나, 이 사람은 형님……" 하면서 가족 한 사람 한 사람을 다 찾아내는 것이었습니다. 그런데도 이 아이의 전생기억을 틀린 것이라고 할 수 있겠습니까?

또 세 살 된 어느 아이도 전생 이야기를 하는데 그는 다이빙 선수였다고 자랑했습니다. 그래서 물었습니다.

"지금도 다이빙할 수 있겠니?"

"그럼요. 할 수 있고 말고요. 전에 많이 했는데요."

이리하여 세 살 되는 어린아이를 높은 다이빙대 위에 올려놓게 되었습니다. 그러자 어린아이는 다이빙을 하는 것이었습니다. 조금도 무서워하지 않고, 조금도 서툴지 않게 서슴없이 다이빙을 했습니다.

전생기억이란 이런 식입니다. 또 흔히 천재니, 신동이니, 생이지지生而知之니 하는 아이들이 있습니다. 태어난 뒤로 한번도 글을 배운 적이 없는데 글자를 다 아는 것입니다. 아무리 어려운 책을 보여도 모두 읽을 줄 아는 것입니다. 이런 것을 생이지지라고 합니다. 곧 나면서부터 다 알고 있다는 뜻입니다. 이 생이지지는 바로 전생기억에 의한 것입니다. 전생에 배운 것을 잊어버리지 않고 금생에 그대로 가지고 넘어온 것입니다. 또 처음 가보는 곳인데 낯설지 않고, 처음 만난 사람인데도 친근감이 가는 경우는 전생의 기억이 희미하게 되살아나기 때문입니다.

이러한 전생기억에 대해 누구보다도 체계적이고 전문적으로 연구한 사람은 미국 버지니아 대학의 이안 스티븐슨Ian Stevenson 교수입니다. 그는 세계 각국에 연락기구를 조직하여 전생기억을 가진 아이나 어른이 있으면 학자들을 보내 사실을 조사하여 확인했습니다. 이리하여 그는 수년 동안에 600여 명의 자료를 수집하였으며 그 중 대표적인 사례를 뽑아 책으로 출판하였습니다. 바로 『윤회를 나타내는 스무 가지 사례Twenty Cases Suggestive of Reincarnation』라는 책입니다. 전생기억에 대한 보고서로서는 가장 확신이 있고 어떤 사람이든 반대의견을 제시하기 어려운 유명한 책입니다. 그리고 1973년까지 약 2,000건의 전생기억을 가진 사례를 조사하여 보고했습니다. 자료가 이만큼이나 되는 것을 비추어 볼 때 사람이 죽으면 그만이 아니고 윤회를 한다는 것은 틀림없는 사실이라고 결론을 내리지 않을 수 없습니다.

이안 스티븐슨은 정신과 교수로서 전통적인 의학에 대한 연구 경력이 있습니다. 그럼에도 불구하고 왜 이런 연구를 하게 되었는지에 대해 이렇게 대답하고 있습니다.

"정신의학과 심리학의 전통적인 이론은 인간의 성격을 유전과 환경의 영향이라고 하지만, 이들 복합적인 요인만으로는 만족스럽게 설명할 수 없는 사례들이 많기 때문에 그것을 규명해 보고자 했다."

그는 윤회를 한다고 정식으로 공포하지는 않았지만 그것이 사실임에는 틀림이 없다고 보았습니다. 왜냐하면 지식이나 경험에 의해 무의식적인 영향을 받는 어른들보다 자신의 기억을 해석하려고 들지 않는 어린이의 사례 조사에서 90퍼센트 이상의 정확성이 나타났기 때문입니다.

이안 스티븐슨 교수는 전생기억에 나타난 사례들에서 몇 가지 특징을 말하고 있습니다.

첫째는 전생기억과 연령과의 관계입니다. 대개는 태어난 지 두서너 살이 되면 전생을 말하기 시작합니다. 때로는 좀더 나이가 들어서나 아니면 말을 시작하자마자 이야기하는 경우도 있습니다. 대체로 말을 잘 할 수 없는 시기의 전생기억이 좀더 정확한 수가 많습니다. 어린아이가 전생에 대해 말하는 첫 말은 대개 자신이 알았던 사람의 이름이나 지명입니다. 그러다가 다섯 살에서 여덟 살 사이쯤 되면 어린이들은 전생기억을 잊어버립니다. 왜냐하면 이때가 되면 가정의 제한된 테두리를 벗어나 이웃과 학교에서 여러 가지를 경험하는 시기이기 때문입니다. 이렇게 점점 사라지는 전생기억 위에 새로운 경험이 축적되면서 전생기억은 아주 사라지는 것입니다.

둘째로, 전생을 기억하는 아이들은 어른스러운 태도를 보이거나 위엄과 지혜를 갖는 등 일반적인 아이들과는 행동이 다릅니다. 이러한 행동은 가족이나 다른 사람에게는 이상하게 보이지만, 본인에게는 당연한 행동이며 그것은 전생의 자기 모습과 일치하는 것입니다. 또 증언자들이 말하는 죽은 사람의 행동과도 일치합니다.

셋째로, 전생을 기억하는 아이들은 자기 육체의 생소함을 말하곤 합니다. 그들은 대개 자신이 작은 육체에 갇혀서 답답하다고 불평을 늘어놓곤 합니다.

넷째로, 전생을 기억하는 아이들이 가장 생생하고 선명하게 기억하는 것은 전생에서 죽음과 관련된 것이며, 바로 죽음의 순간에 대한 기억입니다. 그리고 특히 죽음에 대한 전생기억 중에서 교통사고나 살인, 전쟁과 같이 격렬하게 죽은 기억이 더욱 생생하다고 합니다. 이것은 그런 죽음을 당한 사람만이 환생한다는 의미는 아닙니다. 다만 그런 경우일수록 기억이 더 강렬하게 남아 있다는 말입니다.

격렬한 죽음의 경우, 전생기억을 하는 아이는 대개 죽음을 가져다 준 물건이나 환경에 대해 강한 공포심을 나타냅니다. 한 보기로서, 어떤 어린이는 전생에 다리 위에서 버스를 지나가게 하느라고 비켜서다가 물에 빠져 익사하였다고 기억했습니다. 그래서 그 아이는 다리, 버스, 물에 대해서 상당한 두려움을 갖고 있음을 알 수 있었습니다. 그 아이를 목욕시키려면 네 명의 어른이 강제로 붙잡아야 할 정도로 물에 대한 공포에 떤다고 합니다.

다섯째로, 사람과 환경의 변화를 안다는 것입니다. 만일에 처음 가는 집이라면 그 집이 어떻게 변하였고, 거기 사는 사람이 어떻게 변하였는지 보통의 사람은 알 수가 없습니다. 그러나 전생을 기억하는 경우에는, 처음 전생의 집을 찾아갈 때 구조가 어떻게 변경되었다는 등 가족 중에 누가 안 보인다는 등 그 집의 변화를 말한다고 합니다.

여섯째로, 환생을 예견하는 꿈을 꾸기도 합니다. 아이를 출산하기 전에 어느 가정에 태어나기 위해 온다는 것을 꿈에 예고하는 경우가 있습니다. 이러한 꿈이 동서양에서 종종 화제가 되곤 합니다.

일곱째로, 임신 중의 비정상적인 식성을 들 수 있습니다. 우리가 일반적으로 알고 있기에는 임신을 하게 되면 평소에 잘 안 먹던 음식이나 제철이 아닌 음식에 대해 그 사람은 비상한 식욕을 느낍니다. 그것을 임신부의 변덕이라고 하여 별로 관심을 두지 않고 있습니다. 그런데 전생기억을 하는 어린아이의 경우, 전생에 좋아했던 음식을 이야기하는 것을 보면 그 음식이 바로 어머니가 임신 중에 먹고 싶어 했던 음식과 일치한다고 합니다.

여덟째로, 배우지 않은 기술을 갖고 있는 경우가 있습니다. 전생기억을 하는 어린이 중에는 배우지도 않은 기술을 갖고 있는 경우가 있습니다. 이것은 전생에 가졌던 기술을 그대로 유지하고 있기 때문입니다.

그러한 보기를 하나 들자면 벨기에에 로버트라는 소년이 있었는데, 이 소년은 어느 날 제1차 세계대전 때인 1915년에 죽은 자기 삼촌인 알버트의 초상화를 보더니 그것이 자기라고 주장하는 것이었습니다. 그런 일이 있은 뒤에 세 살이 조금 지나서 로버트는 부모와 같이 처음으로 수영장에 갔는데 멋진 동작으로 다이빙을 하여 물속으로 뛰어들었습니다. 알고 보니 그의 삼촌인 알버트는 훌륭한 수영선수였다고 합니다. 일반적인 수영은 세 살 정도의 어린아이도 할 수 있지만 다이빙은 그렇지 않다고 합니다. 그런데 수영장에 처음 온 아이가 다이빙을 멋지게 해내는 것을 보고 모든 사람이 그 아이가 전생의 알버트였음을 믿게 되었다고 합니다.

배우지도 않은 기술이 나타나는 가장 놀라운 사례는 외국어를 말하는 경우입니다. 프랑스의 유명한 생리학자이며 심리학자인 동시에 노벨 수상자이기도 한 샤를르 리히Charles Richet는 그러한 현상을 지노글로시Xenoglossy라고 이름을 붙였습니다.

이안 스티븐슨은 이 지노글로시에는 두 가지 형태가 알려져 있다고 합니다. 첫째는 독백과 같은 것인데, 당사자는 이상한 언어의 조각들을 이해하지도 못하면서 자꾸 반복하는 것을 말합니다. 이것은 잠재된 기억 속에서 언어가 무의식적으로 도출되는 경우인데 본인은 그러한 사실을 인식하지 못한다고 합니다. 두 번째는 반응적인 경우인데, 이것은 직접 상대방과 그 외국어로써 대화를 할 수 있습니다. 스티븐슨은 두 번째 경우인 반응적인 지노글로시의 사례는 죽음 이후의 인간의 윤회에 대해 중요한 증거가 된다고 말합니다. 곧 전생에 그 언어를 배웠거나 사용한 사람이 아니면 그처럼 유창하게 외국어를 구사한다는 것이 언어를 배우지도 못한 어린이에게는 불가능하기 때문입니다.

사람들에게 널리 알려진 것 가운데 최초의 지노글로시는 19세기에 있었던 일인데 최면에 의해서입니다. 1862년 독일의 왕자 갈리첸Galizen은 어떤 여인을 대상으로 최면 실험을 하였습니다. 그런데 놀랍게도 그 여인은 18세기의 훌륭한 프랑스어로 브리타니에 살았던 전생 이야기를 하는 것이었습니다. 갈리첸 왕자는 그녀가 프랑스어를 배웠는지 조사해 보았지만 그녀는 일반 교육도 전혀 받은 적이 없는 무학無學이었고, 다만 자기 지방의 독일어 방언밖에는 말할 줄 모른다는 것이 판명되었습니다. 따라서 이 여자는 전생에 프랑스에서 살다가 다시 독일에 태어난, 윤회의 실증임을 확인하게 된 것입니다.

아홉째로, 출생 자국을 들 수 있습니다. 아이가 출생할 때부터 흉터가 있거나 불구가 되는 수가 있습니다. 그것을 사람들은 선천적 기형이라고 이야기합니다. 그 원인은 대부분 유전이나 임신 중의 약물 복용에 의한 것으로 알려지고 있지만, 이것이 전생의 업보에 의해 생길 수도 있습니다.

윤회를 입증하는 전생기억에 관한 사례는 현대에만 있는 것이 아니라 과거에도 있었습니다.

『삼국지三國志』라는 책을 보면, 삼국시대에는 아무도 중국을 통일하지 못했습니다. 조조도 못하고 유비도 못하고 손권도 못하였습니다. 정작 중국이 통일된 것은 세월이 흐른 뒤 진晉나라 때입니다. 그때 진나라의 재상이며 군인이고 또 덕인德人이었던 양호羊祜라는 사람이 있었습니다.

그가 서너 살이 되어서, 한번은 유모를 보고 가지고 놀던 금고리를 내놓으라고 하는 것이었습니다. 유모는 아이에게 금고리가 없다고 했습니다. 그러니까 양호는 유모를 데리고 이웃집으로 갔습니다. 그리고 그 집 마당의 큰 고목나무 밑으로 가서 썩은 나무 밑둥치의 구멍 속으로 손을 쑥 넣더니 금고리를 끄집어내는 것이었습니다. 그런데 금고리를 본 그 집 주인이 깜짝 놀라고 말았습니다. 그것은 그 집의 죽은 아이가 가지고 놀던 것인데 그 아이가 죽은 후에는 아무도 그것이 어디에 있는지 몰랐기 때문입니다. 그런데 이웃 아이가 와서 그것을 찾아냈으니 놀랄 수밖에 없는 것입니다. 모두들 그 이웃집의 아이가 죽어서 양호가 되어 환생한 것이라고 말하게 되었습니다. 여기에는 여러 가지 증거가 있지만 그 중에서 가장 확실한 증거가 바로 이 금고리입니다.

1930년에 죽은 양계초梁啓超의 선생님인 강유위康有爲라는 대학자는 바로 이 한 가지 사실만으로 전생이 있다고 주장했습니다. 그는 중국뿐만 아니라 세계적으로 유명한 학자입니다. 유교에서는 윤회를 부정합니다. 그런데도 유교학자인 강유위는 윤회를 절대적으로 주장하였습니다. 그 증거가 바로 양호의 금고리 이야기라는 것입니다. 세계적으로 유명한 대학자가 양호의 금고리 사실 하나만으로 전생이 있고, 윤회가 있다는 것을 조금도 의심 없이 주장하고 있습니다. 여기에 비하면 이안 스티븐슨 교수가 수집한 2,000여 건의 사례는 큰 의미가 있다고 하지 않을 수 없습니다.

여기서 잠깐 신라 통일시대의 김대성의 이야기를 알아보기로 하겠습니다.

김대성이 처음 태어난 집은 아주 가난했습니다. 그래서 그 어머니가 품을 팔아 근근이 먹고 살았습니다. 그러다가 주인집에서 밭을 조금 떼어 주어 그것으로 생활을 이어 나갔습니다. 그런데 하루는 옆집에서 시주를 하자 스님께서 '시일득만배施一得萬倍'라고 축원하는 것을 김대성이 듣게 되었습니다. 김대성은 집에 와서 어머니에게 간청하여 자기네의 조그만 밭을 스님에게 시주하였습니다. 스님께서는 역시 '시일득만배施一得萬倍'라고 축원을 하였습니다.

그 후 얼마 안 되어 김대성은 죽었습니다. 그 날 밤, 대신大臣인 김문량金文亮의 꿈에 '모량리牟梁理의 대성大城이가 너의 집에 태어난

다'고 하는 소리가 들렸습니다. 그래서 모량리에 가서 알아보니 과연 김대성이 죽었다는 것이 확인되었습니다. 김문량의 부인은 그로부터 태기가 있어 아들을 낳았습니다.

그런데 아기가 태어날 때 손을 꽉 쥐고 있다가 이레 만에 손을 폈는데 손바닥을 보니 '대성'이라는 이름이 적혀 있었다고 합니다. 그래서 김문량의 집에서는 이 아이가 모량리의 김대성이 다시 환생한 것이 분명하다고 하여 이름을 그대로 대성이라고 하였습니다. 그리고 전생의 어머니를 모셔다가 함께 있게 하였습니다.

김대성은 성장하면서 사냥을 좋아하였습니다. 하루는 토함산에 가서 곰 한 마리를 사냥해 오다가 산 아래 마을에서 잠을 자게 되었습니다. 그의 꿈에 곰의 혼이 나타나 자기를 죽였으니 그냥 두지 않겠다고 하며 달려드는 것이었습니다. 김대성이 너무 무서워 잘못했다고 빌었더니 곰의 혼은 자기를 위해 절을 지어 달라고 하는 것이었습니다. 김대성이 그렇게 하겠다고 약속하고 잠에서 깨어 보니 그것은 너무도 생생한 꿈이었습니다.

그 뒤로 김대성은 사냥을 끊었으며, 꿈에서 약속한 대로 그 곰을 잡은 땅에다 장수사長壽寺라는 절을 지어 주었습니다. 그리고 다시 원願을 세워 현세現世의 부모를 위해서 불국사佛國寺를 짓고, 전세前世의 부모를 위해서는 지금의 석굴암을 창건했다고 합니다.

2. 차시환생借屍還生

또 전생기억 외에 차시환생借屍還生이란 것이 있습니다. 사람이 죽어서 다시 어린아이가 되어 나는 것이 아니고 제 몸뚱이는 아주 죽어 버리고 남의 송장을 의지해서, 곧 몸을 바꾸어서 다시 살아나는 경우입니다. 다음은 1916년 2월 26일자 중국 신주일보神州日報에 보도된 사실입니다.

중국 산동성에 최천선崔天選이라는 사람이 살았는데 그는 무식한 석공이었습니다. 이 사람이 서른두 살이 되던 해에 그만 병이 들어 죽었습니다. 장사 지낼 준비를 다 마친 지 사흘째 되는 날이었습니다. 관 속에서 무슨 소리가 들리고 사람 기척이 났습니다. 부랴부랴 관을 깨고 풀어 보니 관 속의 사람이 눈을 멀뚱멀뚱 뜨고 쳐다보는 것이었습니다. 죽은 사람이 다시 살아난 것입니다.

"우리 아들이 죽었다가 다시 살아났다."

"우리 아버지가 살았다."

그 부모와 처자식은 기뻐서 어쩔 줄을 몰랐습니다. 그런데 가만히 보니, 그는 식구들을 하나도 못 알아보는 것이었습니다. 무엇이라고 말을 하는데 무슨 말인지 알아들을 수가 없었습니다. 죽었다가 깨어나더니 정신착란이 되어서 집안 식구들도 못 알아보고 말도 알아들을 수 없는 소리를 하는가 보다고 식구들은 생각했습니다. 그렇게 또 여러 날이 지났습니다. 그동안 기운을 차리고 건강도 많이 회복되었습니다. 그런데도 여전히 식구들을 못 알아보고, 또 말을 하는데 무슨 말인지 알아들을 수가 없었습니다. 본인도 퍽 답답한 것

같았습니다. 마침 주위에 붓과 벼루가 있는 것을 보더니 종이 위에 글을 쓰기 시작했습니다. 그런데 본래는 일자무식이던 사람이 글을 아주 잘 쓰는 것이 아니겠습니까! 써 놓은 글의 내용을 보니 이 사람은 중국 사람이 아니고 안남(인도지나) 사람이라는 것이었습니다. 안남 지방에서도 말은 다르지만 글은 한자를 씁니다.

"나는 안남 어느 곳에 사는 유건중劉建中이란 사람인데, 병이 들어서 치료하느라고 어머니가 두터운 이불을 덮어 씌워 줘 땀을 내다가 그만 깜박 잠이 들었다. 깨어나 보니 여기 이렇게 와 있다."

그 내용은 대략 위와 같았습니다. 곧 그 몸은 죽어 버리고 그 대신에 안남 사람의 혼이 산동으로 온 것입니다. 이것도 일종의 전생입니다. 전생이란 것이 반드시 몸뚱이가 죽고 어머니 뱃속에서부터 다시 나는 것만이 아니고 죽은 육신이 그대로 다시 살아나는데 영혼만이 바뀌는 경우가 있습니다. 이것을 '차시환생'이라고 합니다. 곧 남의 육체를 빌려서 다시 태어나는 것을 말합니다.

그가 기력을 완전히 회복한 뒤에 중국말을 조금씩 가르쳐 주었습니다. 여러 달이 지나자 중국말을 조금씩 할 수 있게 되었습니다. 그러나 자꾸 전생에 살던 곳으로 가려고 하는 것입니다. 이것이 널리 소문으로 퍼졌습니다. 나중에는 북경대학에서 데리고 가서 여러 가지로 정신감정을 해보고 치료도 해보았습니다만, 정신은 조금도 이상이 없었습니다. 또 그가 말하는 안남에도 사람을 보내 조회를 해보았습니다. 과연 유건중이란 사람이 살다가 죽었다는 것이 확실하고 또 그가 말한 전생의 일이 모두 다 사실이었습니다. 결국 최천선이라는 사람이 죽었다 깨어났으나 안남의 유건중의 혼이 최천선의 몸을 빌려 환생하였다는 것이 완전히 증명되었습니다. 이런 일은 참 희귀한 일이라고 하여 정부에서는 이 사람에게 내내 연금을 주었습니다. 그리고 이것은 세계적으로 유명한 사건이 되었습니다.

3. 연령역행

지금까지 이야기한 것은 모두 당사자가 전생기억을 갖고 있어서 이야기하는 경우들이었습니다. 그런데 또 심리학에서도 전생을 조사하는 방법이 있습니다. 심리학에서는 최면술을 이용하여 그 사람의 전생을 알 수 있는 방법이 연구된 것입니다. 이것을 가리켜 연령역행年齡逆行, Age Regression이라고 합니다. 실험 대상자에게 최면을 걸어 놓고 그 상태에서 사람의 연령을 자꾸자꾸 거꾸로 역행시키는 것입니다. 예를 들어 스무 살 되는 사람을 최면을 걸어서 열 살로 만듭니다. 그러면 열 살 먹은 사람이 되어 그때의 행동이나 말을 그대로 하는 것입니다. 또 네 살이 되도록 만듭니다. 그러면 네 살 때의 노래를 하고 행동을 하는 것입니다. 한 살로 만들어 놓으면 말도 못 하고 울기만 합니다. 연령역행은 심리학에서 인정하는 것입니다.

의학에서도 이것을 인정하고 있습니다. 어떤 사람이 병이 났는데 아무래도 그 원인을 알 수 없었습니다. 그래서 연령역행을 시켜 그 원인을 조사해 보니 10년이나 20년쯤 전에 그 병의 원인이 되는 일이 있었음을 알 수 있게 되었습니다. 또 간첩이 잡혔을 때에도 이용합니다. 본인은 아무것도 모른다고 부인합니다. 그럴 때에 최면술을 이용하여 연령역행을 시킵니다. 그러면 이전에 간첩이 되기 위해 교육받던 것을 모두 이야기하는 것입니다. 그것을 녹음해 두었다가 다시 물어보면 꼼짝없이 자백할 수밖에 없습니다.

그러면 이것이 전생 문제와는 어떤 관계가 있는 것인가? 최면 상태에서 연령역행을 하여 한 살로 만들어 줍니다. 그러면 사십대, 오십대의 어른도 손발을 바둥거리고 빽빽 울면서 어린아이의 몸짓만 할 뿐입니다. 그렇게 해놓고 나서 묻습니다.

"네가 태어나기 일 년 전, 이 년 전에는 어디 있었느냐?"

그러면 주소 성명이 완전히 바뀌어 버립니다. 보기를 들어, 여기 해인사 골짜기에 사는 사람을 연령역행을 시켜서 한 살까지 가는 것입니다. 그리고는 다시 태어나기 3년 전을 묻습니다. 그러면 주소 성명이 바뀌어 전라도 어느 곳의 누구라든지, 일본의 어느 곳 사람이라든지 하며 사람이 완전히 달라져 버리는 것입니다. 그때부터는 전생의 기억으로 돌아가는 것입니다. 이것을 정신과학에서 전생회귀前生回歸라고 합니다. 전생으로 돌아간다는 말입니다. 전생으로 돌아가서 한 생뿐만이 아니고 이생, 삼생…… 여러 수십생까지 올라가는 방법입니다.

1) 『브라이드 머피를 찾아서』

최면 상태에서 연령역행을 시켜 전생을 알아보는 전생회귀에 대해 연구를 한 사람 중에 미국의 모리 번스타인Morey Bernstein이라는 사람이 있습니다. 그는 루스 시몽 부인이라는 스물아홉 살의 여자를 연령역행시켜 그 여자의 전생을 거슬러 올라갔습니다. 그랬더니 그녀는 19세기에 아일랜드의 코크 시에 살았던 브라이드 머피라는 사람이었습니다. 이 여자는 최면 상태에서 자기가 코크 시에 살았던 시절의 여러 가지 생활 모습이나 신앙생활에 대해 자세히 말했습니다. 모리 번스타인은 이것을 녹음하고 정리하여 그 여자가 말한 곳에 가서 실제로 조사를 해보았더니 과연 녹음한 내용이 사실과 맞는 것이었습니다. 이 일을 미국의 98개 신문에서 일제히 게재하여 대대적으로 보도하였습니다. 그리하여 온 세계가 깜짝 놀랐습니다.

모리 번스타인이 이 실험을 한 것은 1952년 11월 29일이었는데 이것은 나중에 『브라이드 머피를 찾아서 The Searching for Bride Murphy』라는 제목으로 1954년에 출간되었습니다. 그 후 세계 각국어로 번역되었고, 우리나라에서도 『사자死者와의 대화』라는 제목으로 출판되었습니다.

또 휴즈 박사라는 사람은 열두 살 된 자기 딸을 연령역행시켜 보았습니다. 그랬더니 갑자기 무슨 말을 하는데 도무지 알아들을 수가 없었습니다. 나중에 알아 보니 그것은 이집트의 고어古語였습니다. 그 말은 현대의 이집트인들도 알아들을 수가 없어 전문학자에게 부탁하여 통역을 하게 하였습니다. 그리하여 역사기록을 통해 알아 보니 딸이 한 말이 역시 사실과 맞는 것이었습니다.

그 밖에도 프로이노이라는 제네바 대학의 심리학 교수는 열여섯 살 되는 소녀를 대상으로 같은 실험을 해보았습니다. 그 소녀도 역시 알아들을 수 없는 말을 했는데 나중에 그 기록을 가지고 언어학자들에게 의뢰한 결과 500년 전의 인도말인 것이 판명되었습니다. 열여섯 살 먹은 소녀가 오늘날의 인도말도 아닌 500년 전의 인도말인

범어梵語:Sanskrit를 안다는 것은 결국 최면 상태에서 완전히 500년 전의 인도 사람으로 돌아간 것이라고 하지 않을 수 없는 것입니다.

　이와 같은 전생회귀의 사례들이 속속 사실로 밝혀지자 사람이 죽으면 그것으로 끝이 아니고 영혼이 있을 뿐만 아니라 불교에서 말하듯이 자꾸 윤회를 한다는 것이 증명되기 시작했습니다. 학자들은 이것이야말로 학계를 움직인 근본적인 대사건이라고 했습니다.

　이러한 사례가 증명되기 시작하자 가장 곤란해진 것은 서양의 종교입니다. 기독교에서는 영혼이 있어서 기독교를 믿으면 죽어서 천당에 가고, 그렇지 않으면 지옥으로 갈 뿐이지 환생이나 윤회는 없다고 합니다. 그런데 앞에서 이야기한 브라이드 머피의 이야기가 알려지게 되자 그러한 주장이 거짓말이 되어 버린 것입니다. 더구나 브라이드 머피라는 사람은 아주 독실한 천주교 신자였습니다. 그런데 천당에 가지 못하고 시몽 부인으로 미국에서 다시 태어났으니 문제는 아주 심각해져 버린 것입니다.

　그래서 기독교측에서는 브라이드 머피의 이야기는 거짓말이라고 라디오, TV, 신문 등을 통해서 발표했습니다. 그런데 이 전생회귀의 사례는 브라이드 머피뿐만이 아니라 그 뒤로도 진실을 밝혀 보려는 학자들에 의해 속속 수집되기 시작했습니다.

2)『한 번 이상 사는가』

　전생회귀의 사례들 중에서 가장 유명한 것은 영국의 브록샴 테이프Broxham Tapes라는 것입니다. 이것은 영국의 유명한 최면 요법사인 아널 브록샴Arnall Broxham이라는 사람이 최면을 통한 연령역행으로

20여 년 동안 약 400명의 전생을 조사하여 테이프에 녹음을 한 것입니다. 그 테이프는 아직도 그대로 보존이 되고 있는데 거기에는 가지가지의 전생이 기록되어 있습니다.

이러한 갖가지 사례가 알려지자 브록샴 씨의 전생회귀는 큰 화젯거리가 되었습니다. 이렇게 소문이 퍼지자 세계에서 가장 권위가 있고 신뢰도가 높다는 영국의 국영방송인 비비씨BBC의 과학부 기자 두 사람이 이 이야기를 듣고는, 믿을 수 없는 일이라고 생각하여 조사를 해보기로 하였습니다. 그들이 막상 조사를 시작해 보니 그것은 참으로 굉장한 것이었습니다. 조사를 해 나감에 따라서 그것이 점차 사실로 드러나게 되자 더 큰 관심을 가지고 조사에 열중하게 되었습니다. 그들은 약 1년 동안 테이프에서 전생 이야기를 한 사람들이 말한 지명을 찾아 영국, 프랑스, 이탈리아로 가 보았습니다. 또 사실 여부를 확인하기 위해 역사학자, 고고학자, 심리학자들을 만나 일일이 확인도 하였습니다. 그리고 나서 다음과 같은 결론을 내렸습니다.

"우리는 이것이 거짓임을 입증하기 위해 1년 동안이나 조사를 하였다. 그 결과 브록샴 테이프의 전생 조사는 조금도 틀림이 없는 사실임이 확인되었다."

그래서 이 조사 작업은 BBC TV에서 특집으로 방송되었고, 1976년에는 『한 번 이상 사는가 More Lives Than One?』라는 제목으로 책이 출판되기도 했습니다. 브록샴의 테이프에 나오는 사례 중에서 자기의 다른 전생을 여섯 가지나 이야기한 가정주부의 이야기가 있는데 여기에 관해서 한번 들어 보겠습니다.

 그 부인의 이름은 제인 에반스라고 합니다. 맨 처음에 로마제국이 통치하던 영국에서 통치자의 아이를 가르치는 가정교사의 아내로 살았다고 합니다. 두 번째는 1190년 영국 요크 시에서 유태인 여성으로 살았고, 세 번째는 1451년 불란서 부르스 시에서 페르라는 사람의 하녀로 살았고, 네 번째는 앤 여왕의 재위 시절에 런던에서 바느질로 품팔이하는 소녀로 살았고, 그리고 가장 가까운 전생인 여섯 번째는 미국의 메릴랜드 주에서 수녀로 살다가 1920년에 죽었다고 말했습니다.

 제인 에반스라는 여인의 전생은 서로 겹치지 않았으며, 죽은 뒤에 다시 태어나는 시간의 간격이 가장 짧은 것이 20년 안팎이었습니다.

 전생 조사에 대한 실제의 보기가 이렇게 속속 출현하자 이제 이 사실은 누구도 부인할 수가 없게 되었습니다. 결국 기독교계에서도 이제는 더 이상 전생을 부인하고만 있을 수 없게 되자, 이 사실을 하나의 자연현상으로 보고 교리와는 상관없이 연구해 보고자 하여 관심을 갖는 신부나 목사도 더러 나오게 되었습니다.

3) 전생요법

 심리학에서는 인간의 정신 상태를 세 가지 단계로 나눕니다. 우리가 모여서 지금 이렇게 이야기하는 것은 의식 상태입니다. 의식 상태 안에 잠재의식이 있고 잠재의식 속에 무의식 상태가 있습니다. 무의식 상태는 의식이 완전히 끊어진 상태입니다. 프로이드 Sigmund Freud가 잠재의식은 웬만큼 연구하여 발표하였지만, 무의식에 대해서는 뚜렷한 연구 결과를 내지 못했습니다. 이 무의식 상태에 대해 큰 공을 세운 사람이 바로 앞에서 말한 바 있는 영국의 캐논Sir Alexander Cannon 박사입니다. 그의 가장 큰 공적은 전생 조사에 있습니다.

그도 처음에는 과학자의 입장에서 영혼도 있을 수 없고, 윤회도 없다고 철두철미하게 부정하였습니다. 그러나 최면술을 이용한 무의식 상태에서 전생회귀를 시켜 보니 사람들에게서 전생이 나타나는 경우를 자주 대하게 되어 생각이 바뀌었습니다. 곧 연령역행을 통하여 열 살, 한 살, 출생 이전으로 역행시키면 때로는 저 로마시대로까지 역행되어 전생이 나타나는 것이었습니다. 그리고 그때에 실험 대상자들이 한 말을 역사의 기록과 대조하여 조사해 보면 모두 맞는 것입니다. 이렇게 하여 그는 1,382명에 대한 전생 자료를 수집하여 1952년에 『잠재력*The Power Within*』이라는 책으로 출판하였습니다.

이것을 '캐논 보고서'라고도 하는데, 이 캐논 보고서에 의하면, 병이 들어서 아무리 치료를 해도 낫지 않는 경우에 전생회귀를 통하여 조사를 해보면 그런 병들은 전생에서 넘어온 것을 알 수 있는데, 그 전생에서의 발병 원인에 의거하여 치료함으로써 병을 고칠 수 있다는 것입니다. 이것이 유명한 '전생요법'입니다. 거기에 보면 이런 사례가 있습니다.

어떤 사람이 물만 보면 겁을 냅니다. 바다를 구경한 적도 없고 큰 강 옆에 살지도 않았습니다. 그런데도 물만 보면 겁을 내는데 아무리 치료를 해도 소용이 없었습니다. 그래서 전생회귀를 시켜 보니 그는 전생에 지중해를 내왕하는 큰 상선의 노예였습니다. 그런데 죄를 지어서 쇠사슬에 묶인 채 바닷물 속으로 던져져서 빠져 죽었던 것입니다. 그때 얼마나 고생을 했겠습니까? 그러니 금생에서도 물만 보면 겁을 내는 것입니다. 그 사실을 밝힌 뒤에 이 원인에 의거해서 치료를 하니 그의 병이 나았습니다.

또 한 사람은 높은 계단을 무서워하며 오르지 못하는 것이었습니다. 그 사람의 전생을 보니 그는 전생에 중국의 장군이었는데 낭떠러지에서 떨어져 죽었던 것입니다. 그래서 높은 곳만 보면 겁을 내는 것이었습니다.

캐논 보고서의 이런 사례들에 의거해서 학자들이 전생요법을 개발하여 요즈음 세계적으로 크게 유행하고 있습니다. 1977년 10월 3일자 〈타임Time〉지에 보면 이에 관해 자세히 소개되어 있습니다. 세계적으로 권위 있는 잡지에서 자신 있게 보도할 때에는 부인하기 어려운 것입니다. 이처럼 전생이 있다는 것은 물론이고, 병을 치료하는 한 방법으로서 전생요법이 세계적으로 유행하게 되었는데도 전생과 윤회에 대해 의심을 갖는다면, 그 사람은 이 세상에서 무엇을 믿을 수 있겠습니까?

그러면 전생이 있고 윤회를 한다고 할 때 어떤 법칙에서 윤회를 하는가 하는 의문이 일어납니다. 과연 내가 원하기만 하면 마음대로 김씨가 되고 남자가 되고 할 수 있는가? 캐논 보고서에서 살펴보면 그것은 순전히 불교에서 말하는 인과법칙에 의한다는 것이 판명되었습니다. 인과법칙이란 선인선과善因善果, 악인악과惡因惡果입니다. 콩 심은 데 콩 나고 팥 심은 데 팥 난다는 말입니다. 착한 원인에는 좋은 결과가 생기고, 나쁜 원인에는 좋지 않은 결과가 생긴다 이 말입니다. 이제 전생을 알 수 있게 되었으니 어떤 사람이 전생에 착한 사람이었는지, 악한 사람이었는지를 알아서 그 사람의 금생의 생활이 행복한지 불행한지를 비교해 봅니다. 전생에 악한 사람이라면 반드시 금생에 불행한 사람이고 전생에 착한 사람이면 반드시 금생에 행복한 사람이라는 것입니다.

부처님께서는 『법화경』에서 이렇게 말씀하셨습니다.

> 전생 일을 알고자 하느냐?
> 금생에 받는 그것이다.
> 내생 일을 알고자 하느냐?
> 금생에 하는 그것이다.
> 欲知前生事
> 今生受者是
> 欲知來生事
> 今生作者是

전생에 내가 착한 사람이었나 악한 사람이었나를 알고 싶으면 금생에 내가 받는 것, 곧 지금 내가 행복한 사람이냐 불행한 사람이냐를 살펴볼 것이며, 내생에 내가 행복하게 살 것인가 불행하게 살 것인가를 알고 싶으면 지금 자신의 하는 일을 보면 알 것이라는 것입니다.

현대의 정신과학에서는 이 인과因果를 인도말인 카르마Karma라고 합니다. 본디 불교에서 말하는 업業이라는 뜻이 담긴 이 말은 이제 세계적인 학술용어가 되었습니다.

4. 전생투시 前生透視

인과 문제에 대해 가장 큰 업적을 쌓은 사람은 미국의 에드가 케이시 Edgar Cayce입니다. 그에 관해서는 전기 傳記도 많이 나와 있는데 사람들은 그를 기적을 행사하는 사람이라는 뜻에서 '기적인'이라고 부릅니다. 그가 행하는 기적은 이런 것입니다. 남의 병을 진찰하는데 환자의 주소와 이름만 가르쳐 주면 수천 리나 멀리 떨어져 있어도 그 사람의 병을 모두 진찰할 수가 있는 것입니다. 그렇게 진찰하여 처방을 내고 병을 치료해 주면 다 낫는다는 것입니다. 그가 치료한 사람은 무려 3만 명이 넘습니다. 그는 미국 뉴욕에 앉아서 영국 런던에 있는 귀족들을 진찰할 수 있으며 이탈리아의 로마에 있는 사람들도 진찰할 수 있습니다. 그것뿐만이 아닙니다. 어떤 사람은 자기 친구가 영국 런던에 갔는데 지금 어디서 무엇을 하고 있는지 케이시에게 물어봅니다. 그의 답을 듣고서 바로 런던에 전화를 해보았더니 케이시의 말이 모두 맞았습니다.

이런 신기한 투시력을 가진 케이시가 병을 진찰하다 보니 병이 전생에서 넘어오는 것이 많음을 알게 되었습니다. 그에게는 전생을 꿰뚫어보는 힘이 있어 환자의 전생에서 병의 원인을 찾는 것이 가능했던 것입니다. 그런데 그는 예수교도였습니다. 예수교에는 전생이 없지 않습니까? 그래서 자기의 종교와 반대되는 것이라고 하여 병을 치료하는 것을 그만두려고 했습니다. 그러나 주위의 학자들이 종교는 학문과는 다르다고 그를 설득하여 이것을 학문적으로 끝까지 조사해 보자고 의논이 되었습니다. 그래서 병을 치료하는 것은 그만두고, 전생 조사를 본격적으로 시작하여 2,500명의 전생을 조사하였습니다. 그의 죽음(1947년) 뒤에도 버지니아 비치Virginia Beach에서는 그의 원거리 진찰과 전생투시에 대한 수많은 기록을 많은 학자들이 연구하고 있으며 많은 책들이 발행되고 있습니다. 그 중에서도 특히 『초능력의 비밀』과 『윤회의 비밀』, 이 두 권은 공산국가를 제외한 거의 모든 국가에서 번역되었습니다.

 에드가 케이시의 전생투시에 의해 전생과 금생과의 인과를 보면 이렇습니다.

 어떤 사람은 자식을 낳고 사는 부부인데도 그 사이가 무척 나빠서 그 전생을 알아 보니 서로가 원한이 맺힌 사이였습니다. 거꾸로 내외간에 잘 지내는 사람을 알아보니 전생에 아버지와 딸 관계이거나 혹은 어머니와 아들 관계였습니다. "그럴 수가 있을까?" 하겠지만 우리들이 몰라서 그렇지 본래 인과란 그렇게 맺어지는 것입니다. 숙명통宿命通(전생의 일을 환히 아는 능력)을 하여 전생을 환히 들여다볼 수 있으면 별 문제가 없겠지만, 다만 우리들이 업장은 두껍고 눈이 어두워 이해가 가지 않으니 곤란한 것입니다. 그래서 이런 때에 현대의 과학자들이 연구한 전생과 윤회 및 인과에 대한 좋은 자료를 소개하면 부처님 말씀을 믿고 이해하는 데 보탬이 되지 않겠느냐는 것입니다. 또 어떤 사람은 키가 작은 난쟁이입니다. 그 사람의 전생을 알아보니 부처님 말씀 그대로였습니다. 부처님께서는 "사람이 아만이 많아서 남을 무시하고 깔보면 내생에는 키 작은 과보를 받는다." 고 하셨습니다. 그래서 언제나 남을 올려다보아야 하고 남은 자기를 내려다보는 것입니다.

지금까지 이야기해 왔듯이 부처님이 말씀하신 윤회와 인과는 현대의 과학적 자료로도 충분히 설명이 되는 것입니다. 그런데 부처님께서 대소승의 천경만론千經萬論 가운데서 윤회를 말씀하셨으니 이것을 믿으면 그만이지, 캐논이든 스티븐슨이든 그런 과학자가 무엇이라고 그들이 수집한 자료를 인용하여 새로 윤회를 설명하려느냐고 물을지도 모르겠습니다. 한 가지 예를 들어 보겠습니다.

운허耘虛스님은 올해 연세가 여든아홉입니다. '운허스님' 하면 전국적으로 다 아는 큰스님 아닙니까? 한글대장경 역경 사업을 주관하신 데에다, 학식으로나 덕행으로나 두루 존경받는 어른입니다. 그 스님께서 몇 년 전에 백련암에 오셨는데, 이런저런 이야기 끝에 내가 물었습니다.

"스님께서는 경전에 대해 박식하시고 역경 사업에서도 큰일을 하시는데, 그러면 전생을 믿으십니까?"

"허허, 부처님께서 말씀하셨는데 안 믿을 수 있습니까?"

"안 믿을 수 있는가라고 말씀하실 것이 아니라, 실제로 확실히 믿는지 말씀해 주십시오."

"글쎄요, 부처님 말씀에 분명히 전생이 있다고 하셨으니 믿기는 믿지만, 명확하게 이해는 되지 않습니다."

경전에 대해 그렇게 뛰어난 학식을 지니고 있고 수행도 잘 하시는 분이 '믿기는 믿지만 명확하게 이해는 안 된다'고 솔직하게 말씀하실 수 있는 것은 양심입니다. 그래서 스님께 『사자와의 대화』라는 책을 드리며 한번 읽어 보시라고 했습니다.

그 뒤에 대학생 수련대회 때 대학생들로부터 들은 이야기인데, 봉

은사奉恩寺의 운허 큰스님께서 법문法門 때에 하시는 말씀이 해인사에 가서 『사자와의 대화』라는 책을 얻어 와서 읽어 보니 얼마나 좋은지 여러 번 읽었다는 것입니다. 그러면서 부처님께서 말씀하신 윤회를 더 잘 이해하려면 그 책을 많이 읽으라고 학생들에게 여러 차례 권하시더라는 것입니다.

이것이 참다운 학자의 양심입니다. 운허스님은 나보다 스무 살이나 더 많은 분입니다. 그런 점잖은 스님이 아니라면 내가 대중 앞에서 이런 말을 할 수 있겠습니까? 부처님께서 분명히 윤회와 전생을 말씀하셔서 믿기는 믿지만 이해는 가지 않았는데, 브라이드 머피 사건의 전생 기록을 보니 이해가 되더라고 학생들을 모아 놓고 공공연하게 말씀하시더라는 것입니다. 그 뒤에 스님을 다시 만났을 때 직접 물어보았더니 과연 '그렇다'고 말씀하셨습니다.

사람들이 쉽사리 이해할 수 없는 것은 당시에는 잘 받아들여지지 않는 법입니다. 그런 보기로 근대 천체물리학에서 가장 중대하고도 큰 발견인 지동설地動說이 처음 주창되었을 때를 들 수 있습니다. 지구가 움직인다는 지동설이 나오기 전까지는, 지구는 고정되어 가만히 있고 해가 지구의 주위를 돈다고 하는 천동설天動說이 기독교 교리로 확립되어 있었습니다. 그런데 코페르니쿠스Copernicus가 지동설을 주장하자 다른 모든 사람들이 그를 미친 사람이라고 비웃었습니다.

"땅이 움직이다니, 그러면 물이 모두 엎질러질 것 아닌가?"
"사람이 거꾸로 허공 속으로 떨어져 버릴 것이 아닌가?"

사람들은 이런저런 의심을 품고 코페르니쿠스의 주장을 반박하였습니다. 무엇보다도 지동설은 그때까지의 기독교 교리에 완전히 배치되는 것이었습니다. 그리하여 지동설을 주장하는 사람은 모두 죽임을 당하였는데, 가장 먼저 희생당한 사람은 후스Huss라는 종교개혁가였습니다.

그 무렵에 천주교에서 가장 큰 신학자이면서 또한 과학자요 철학자였던 브루노Bruno라는 분이 있었는데, 그도 지동설을 주장하였습니다. 코페르니쿠스는 처음에 지동설을 주장하다 사형에 처한다는 바람에 입을 다물고 자기의 주장을 꺾고 말았습니다. 그러나 용기 있는 다른 학자들은 그래도 그것을 주장하였으며, 브루노도 또한 지동설을 끝까지 주장하였습니다.

일이 이렇게 되자 교황청으로서는 큰일이었습니다. 다른 사람도 아닌, 천주교의 대표적인 성직자가 지동설을 주장하고 나서니 큰일이 아닐 수가 있겠습니까? 그래서 브루노를 불러 하나님의 말씀에 반대되는 지동설을 버리라고 타일렀습니다. 그랬으나 브루노는 변함없이 지동설을 주장하는 것이었습니다.

"그렇다면 너는 분형焚刑이다!"

"아무리 분형에 처해진다 하더라도 지구가 움직이고 있는 것을 어떻게 합니까?"

결국 그는 종교재판에 회부되어 나무 십자가에 매달려 불에 태워 죽이는 분형焚刑을 선고받았습니다. 그러나 그러고 나서도 그의 사람됨이 훌륭하여 사람들은 그를 죽이기가 아까웠습니다. 그래서 또다시 지동설만 취소하면 살려 주겠노라고 몇 번이나 권유하였지만, 그는 끝끝내 자기주장을 굽히지 않았습니다. 마침내 분형에 처하는 날, 나무 십자가에 붙들어 매어 놓고 불을 붙였습니다. 발 밑에서 불이 타오르고 있을 때 브루노에게 십자가를 들이대며 말했습니다.

"회개하라! 지동설을 취소하면 살려줄 터이다."

이에 브루노는 고개를 옆으로 돌리며 말했습니다.

"그래도 지구는 도는데……."

브루노는 결국 불에 타 죽고 말았습니다. 그러나 그가 주장한 지동설은 타 죽지 않고 뒤에 과학적으로 증명됨으로써 영구히 살게 되었습니다. 이렇듯이 새로운 주장이나 이론은, 아무리 옳은 것이어도 당대에 널리 이해받지 못하여 박해도 받고 죽기도 하고 바보 취급을 당하기도 하는 등 온갖 수모를 받게 마련인 것입니다.

불교의 윤회설도 도를 닦아 숙명통을 얻기 전에는 전생이 있음을 우리 중생들이 어떻게 알겠습니까? 다행히도 요즈음에 정신과학이나 초심리학 같은 분야에서 연구가 진일보함에 따라 여러 방면에서 증명되고 있으니, 보기를 들면, 첫째가 전생기억으로 스티븐슨 씨가 무려 2,000건 이상의 사례를 발표하였고, 둘째는 전생회귀로 브록샴 테이프나 캐논 보고서가 그것이며, 셋째는 전생투시로 에드가 케이시에게서 볼 수 있는데, 이들을 통하여 우리는 윤회에 대해 확실히 알 수가 있는 것입니다. 전생이 판명됨으로써, 그것을 금생과 맞추어 보면, 인과가 있는지 없는지가 명확히 나타나지 않겠습니까? 전생에 지은 그대로 금생에 받고 있는 것입니다. 에드가 케이시도 2,500명의 사례를 조사해 보았더니 전생과 금생이 인과로 연결되는 것이었습니다. 이러니 어떻게 인과因果를 부정하겠습니까?

이리하여 부처님께서 말씀하신, 전생이 있다, 윤회가 있다, 인과가 있다 하는 것이 정신과학의 발달로 객관적인 사실로서 증명된 것입니다. 그런데 사실은, 내가 늘 하는 말이지만, 이 우주의 진리를 다 깨달은 부처님께서 윤회를 말씀하셨으니 그것을 믿으면 그만입니다. 캐논이나 케이시 같은 과학자의 이야기가 중요한 것이 아닙니다. 그런 사람들의 연구 결과를 보기로 이야기한 것은, 부처님께서 이미 삼천여 년 전에 모두 말씀하신 것인데, 현대과학이 이제야 그것에 가까이 오고 있음을 말한 것일 뿐입니다.

이제 문제는 영혼이 있고, 인과에 의해 윤회를 한다고 하니 어떻게 해야 할 것인가, 이대로 받고 말 것인가 하는 것입니다.

전생에 잘못했으니 금생에 받아야 할까? 그것이야 당연하지요. 그러면 내생에는 어떻게 될까? 그것이야 뻔하지, 내생에는 불행하게 되지. 아무리 착하게 하려 해도 자꾸 남을 해치게 되고 또 그것을 받아야 할 테니 말입니다. 생각해 보십시오. 인과가 있는 것을 알면서도 도둑질하고, 살인도 하고, 거짓을 일삼고 등등으로 온갖 짓을 다 하지 않습니까? 이것이 예사입니다. 그러나 인과가 있음을 확실히 알면 죄 지을 수 없는 것입니다. 자작자수自作自受, 자기가 짓고 자기가 받는 것을 어떻게 하겠습니까!

불교의 근본 목표는 바로 이 점에 있습니다. 인간의 생명은 영원토록 계속해서 윤회를 하여 영원토록 상주불멸인데, 불교가 무슨 필요가 있겠는가 하고 물을지도 모르지만, 바로 그렇기 때문에 불교가 필요한 것입니다. 자기가 마음대로 할 수 있다면, 어떻게 윤회를 하든 아무 상관이 없습니다. 그러나 중생이란 악업은 많이 지어도 선업은 많이 쌓지 못하는 것입니다. 인간이 되어 업을 짓고, 윤회를 하고, 고苦를 받고 하지만, 그러나 부처님을 믿고 부처님 법을 따라서 수도를 하면 결국에는 자성自性을 깨쳐서 생사해탈을 하게 되는 것입니다. 윤회도, 인과도 모두 벗어나 대자유를 누리게 되는 것입니다.

어떤 사람이 이런 말을 합니다.

"스님, 불교에서는 윤회가 있다고 하는데, 윤회가 없으면 좋겠습니다."

"왜?"

"죽고 나면 끝이라고 하면 무엇이든 해서 우선 편하게 살겠는데, 내생이 있고 인과가 있다고 하니, 겁이 나서 어떻게 해볼 수가 있어야지요?"

"글쎄, 나도 인과가 없고 내생이 없었으면 좋겠어. 아무리 잘한다고 애써도 잘못하는 것이 더 많을 터이니, 그리하여 내생에 고를 더 받을 터이니, 인과가 없으면 좋겠어. 그런데 너하고 나하고 둘이서 내생이 없으면 좋겠다고 말한다고 없어질까? 동쪽에서 서쪽으로 가는 해를 서쪽에서 동쪽으로 가게 할 수가 있을까? 그럴 수가 없지."

지금까지 영혼이 있다, 윤회가 있다, 인과가 있다는 것을 이야기했으니, 이제부터는 해탈의 길, 대자유의 길, 성불成佛에 대해 이야기하겠습니다.

제4편
영원한 자유

1장 오매일여
2장 자유로 가는 길
3장 신심信心이 성지聖地다

참선은 실제로 참선해야 하고 깨침은 실제로 깨쳐야 합니다. 그래야 생사에 자재한 능력을 가질 수 있는 것입니다. 단지 생각으로만 깨쳤다고 하는 것은 생사에 자유롭지 못한 것으로, 깨침이 아니라 불교의 병이요, 외도外道입니다.

1장 _ 오매일여

1. 영겁불망永劫不忘

우리가 도를 닦아 깨달음을 성취하기 전에는 영혼이 있어 윤회를 거듭합니다. 그와 동시에 무한한 고苦가 따릅니다. 미래겁이 다하도록 나고 죽는 것이 계속되며 무한한 고가 항상 따라다니는 이것이 이른바 생사고生死苦라는 것입니다. 그렇다면 이 무한한 고를 어떻게 해야 벗어나며 해결할 수가 있는가? 그러기 위해서는 굳이 천당에 갈 필요도 없고 극락에 갈 필요도 없습니다. 오직 사람마다 누구나 갖고 있는 능력, 곧 무한한 능력을 개발하여 활용하면 이 현실에서 대해탈의, 대자유의, 무애자재한 생활을 할 수 있는 것입니다. 이것이 불교의 근본 원리입니다.

불교에서는 영원한 생명과 무한한 능력을 '불성佛性'이니 '법성法性'이니 또는 '여래장如來藏'이니 '진여眞如'니 등등으로 말하고 있으며, 누구든지 이것을 평등하게 가지고 있다고 봅니다. 그리고 이것을 개발하면 곧 부처가 되므로 달리 부처를 구하지 말라고 합니다.

그러면 생사해탈의 근본은 어디에 있는가? 일찍이 선문禪門에서 조사祖師 스님들은 말씀하셨습니다.

> 산 법문 끝에서 바로 깨치면
> 영겁토록 잊지 않는다.
> 活句下薦得
> 永劫不忘

곧 불교의 근본 진리를 바로 깨치면 그 깨친 경계, 깨친 자체는 영원토록 잊어버리거나 없어지지 않는다는 것입니다.

일상생활에서 배운 기술이나 지식은 시간이 지나면 잊기도 합니다마는, 도를 성취하여 깨친 이 경계는 영원토록 잊어버리지 않습니다. 금생에만 잊어버리지 않는 것이 아니고, 내생에도, 내내생에도 영원토록 잊어버리지 않습니다. 동시에 생활의 모든 것을 조금도 틀림없이 모두 다 기억하는 것입니다. 이것이 불교에서 말하는 영겁불망永劫不忘이라는 것입니다.

마조馬祖 스님께서는 이에 대해 이렇게 말씀하셨습니다.

> 한번 깨치면 영원히 깨쳐서
> 다시는 미혹하지 않는다.
> 一悟永悟
> 不得更迷

그러므로 깨쳤다가 매昧했다 또 깨쳤다 하는 것이 아니고 한번 깨치면 금생, 내생, 여러 억천만 생을 내려가더라도 영원토록 어둠에 빠지지 않는다는 것입니다.

또 원오圓悟스님도 그에 대해 말씀하셨습니다.

한번 깨치면 영원히 얻어서
천겁, 만겁을 두고 그와 똑같을 뿐 변동이 없다.
一得永得
億千萬劫 亦只如如

깨친 경계에 조금이라도 변동이 생기면 그것은 바로 깨친 것이 아니라는 말입니다. 이렇게 되면 이에 따르는 그 신비하고 자유자재한 활동력인 신통묘력神通妙力은 말로 다 표현할 수 없으니, 참으로 불가설 불가설不可說 不可說입니다.

대자유에 이르는 길, 곧 영겁불망永劫不忘인 생사 해탈의 경계를 성취함에 있어서는 여러 가지 방법이 있지만 그 중에서도 가장 빠른 것이 참선입니다. 참선은 화두話頭가 근본이며, 화두를 부지런히 참구하여 바로 깨치면 영겁불망이 안 되려야 안 될 수가 없습니다. 영겁불망은 죽은 뒤에나 알 수 있는 것이라고 생각하기 쉬우나 그렇지 않습니다. 생전에도 얼마든지 알 수 있습니다. 숙면일여熟眠一如하면, 곧 잠이 아무리 깊이 들어도 절대 매昧하지 않고 여여불변如如不變하게 되면, 그때부터는 영겁불망이 되는 것입니다.

그런데 숙면일여가 여래如來의 숙면일여가 되면 진여일여眞如一如가 되지만, 보살의 숙면일여는 8지 보살의 아라야阿賴耶 : Ālaya 위位에서입니다. 제8 아라야위에서의 숙면일여는 보통 우리가 말하는 나고 죽음에서, 곧 분단생사分段生死에서 자유자재합니다. 그러나 미세한 무의식이 생멸하는 변역생사變易生死가 남아 있어서 여래와 같은 진여위眞如位의 자재自在함은 못 됩니다. 그러므로 아라야위에서의 숙면일여는 바로 깨친 것이 아니며, 여래위, 진여위에서의 숙면일여가 되어야만 참다운 영겁불망이 되는 것입니다.

그러나 8지 이상의 아라야위에서의 숙면일여만 되어도 결코 죽음으로 인하여 다시 매하지는 않습니다. 영원토록 퇴진退進하지 않는다는 말입니다. 아라야위에서의 불망不忘과 진여위에서의 불망은, 차이는 있지만 다시 매하지 않는 불퇴전不退轉은 같습니다. 오매일여도 여래위에서의 오매일여와 아라야위에서의 오매일여가 다르면서 또한 같은 것과 흡사합니다. 숙면일여라고 하여 잠이 깊이 들어도 여여한 것이라고 하면 누구나 할 수 있는 것이 아니냐고 생각할 수 있지만, 그것은 결코 쉬운 일이 아닙니다. 예로부터 대종사, 대조사치고 실제로 숙면일여한 데에서 깨치지 않은 사람은 한 사람도 없습니다.

누구나 깨치기 전에는 모든 것이 식심분별識心分別이므로 앞 못 보는 영혼에 불과합니다. 봉사 영혼이 되어서 수업수생隨業受生하니 곧 업 따라 다시 몸을 받게 되는 것입니다. 자신의 자유는 하나도 없습니다. 김가가 되고 싶어도 마음대로 안 되고, 박가가 되고 싶어도 마음대로 안 됩니다. 중처변추重處便墜로서 곧 자기가 업을 많이 지은 곳으로 떨어집니다. 그것은 어쩔 수 없는 이치입니다. 자기의 자유가 조금도 없는 것을 수업수생이라고 합니다.

그러나 자유자재한 경계가 되면 수의왕생隨意往生하니 곧 자기가 마음먹은 대로 할 수 있습니다. 동으로 가든 서로 가든, 김가가 되든 박가가 되든 마음대로 하는 것입니다. 이것이 수의왕생으로, 불교의 이상이며 부처님 경전이나 옛 조사스님들이 말씀하신 것입니다.

수의왕생이 되려면 숙면일여가 된 데에서 자유자재한 경계를 성취해야 합니다. 그렇게 되기 전에는 아무리 아는 것이 많고 부처님 이상 가는 것 같아도 그것으로 그치고 맙니다. 몸을 바꾸면 다시 캄캄하여 아무 소용이 없습니다.

송나라 철종哲宗 원우元祐 7년(1092)이었습니다. 소동파蘇東坡의 동생이 고안高安에 있을 때 동산문洞山文 선사와 수성총壽聖聰 선사와 같이 지냈습니다. 그 동생이 하루는 밤에 두 스님과 함께 성 밖에 나가서 오조계五祖戒 선사를 영접하는 꿈을 꾸었는데, 그 이튿날에 형인 동파가 오는 것이었습니다. 그때 동파의 나이가 마흔아홉이었는데 계戒선사가 돌아가신 지 꼭 오십 년이 되던 때였습니다. 오십 년 전 그의 어머니가 동파를 잉태하였을 때 꿈에 한쪽 눈이 멀고 몸이 여윈 중이 찾아와서 자고 가자고 하였더라는 것입니다. 그가 바로 계선사였습니다. 계선사는 살아서 한쪽 눈이 멀고 몸이 여위었더랬습니다. 동파 자신도 어려서 꿈을 꾸면 스님이 되어서 협우陝右에 있는 경우가 많았습니다. 그런데 계선사가 바로 협우 사람이었습니다.

이 사실들로써 동파가 계선사의 후신인 줄 천하가 다 잘 알게 되어서 동파도 자신을 계화상戒和尙이라고 불렀습니다. 그리고 동파는 자주 동산洞山에게 편지를 해서 '어떻게 하든지 전생과 같이 불법佛法을 깨닫게 하여 달라' 하였으나 전생과 같이는 되지 못하고 죽었습니다. 오조계五祖戒 선사는 운문종의 유명한 선지식이었는데, 지혜는 많았지만 실지로 깊이 깨치지 못한 까닭에 이렇게 어두워져 버린 것입니다.

실제로 옛날의 고불고조古佛古祖는 오매일여가 기본이 되고, 영겁불망이 표준이 되어서 수도하고 법을 전했습니다. 여기에 실례를 들어 이야기하겠습니다.

2. 대혜선사

앞에서 나온 오조법연 선사의 제자에 원오극근圜悟克勤 선사가 있고, 그 제자에 대혜종고大慧宗杲 선사가 있습니다. 강원에서 배우는 『서장書狀』이라는 책이 대혜종고 선사의 법문으로, 그는 임제의 정맥으로서 천하의 법왕法王이라고 자처하고 있었습니다. 이제 대혜스님이 어떻게 공부했고 어떻게 인가를 받았는가에 대해 이야기를 하겠습니다.

대혜스님은 스무 살 남짓 되었을 때, 요즘 말로 '한소식'했다고 해서 사람들을 놀라게 했습니다. 그런데 그 소식은 진짜 소식이 아니라 가짜 소식이었습니다. 그래도 전생 원력이 크고, 또 숙세宿世의 선근善根이 깊은 분이어서 그 지혜가 수승했습니다. 그래서 가짜 소식을 진짜 소식으로 사용했던 것입니다. 이 가짜 소식을 가지고 천하를 돌아다니는데, 이 가짜 소식에 모두 속아 넘어갔습니다. 비유로 말하자면 대혜스님이 성취한 것은 엽전에 불과한데 세상 사람들은 진금眞金처럼 여기고 '바로 깨쳤다'고 인가를 하여 대혜스님은 더욱 기고만장하여 날뛰고 다녔습니다.

그 무렵 '천하 5대사'라는 다섯 분의 선지식이 있었는데, 그 가운데 담당무준湛堂無準 선사라는 분이 있었습니다. 대혜스님이 이 선사를 찾아가며 '천하 사람이 나를 보고 참으로 깨쳤다고 하고 진금眞金이라고 하니 이 스님인들 별 수 있을까?' 하고 생각했습니다. 그러고는 병의 물을 쏟듯, 폭포수가 쏟아지듯 아는 체하는 말을 막 쏟아 부었습니다. 담당스님이 가만히 듣고 있다가 "자네 좋은 것 얻었네. 그런데 그 좋은 보물 잠들어서도 있던가?" 하고 물어 왔습니다. 자신만만하게 횡행천하橫行天下하여 석가보다도, 달마보다도 낫다 하던 그 공부가 잠들어서는 없는 것입니다. 법력이 천하제일이라고 큰소리 텅텅 쳤지만 잠이 들면 캄캄해지고 마는 것입니다.

그래서 대혜스님은 담당스님에게 이렇게 말했습니다.

"스님, 천하 사람들이 모두 엽전인가 봅니다. 저를 엽전인 줄 모르고 금덩어리라고 하니 그 사람들이 모두 엽전 아닙니까? 스님께서 제가 엽전인 줄 분명히 지적해 주시니 스님이야말로 진짜 금덩어리입니다. 사실 저도 속으로 의심을 하고 있었습니다. 모든 것에 자유자재하지만 공부하다 깜박 졸기만 하면 그만 아무것도 없는 것입니다. 그래서 제가 깨달은 이것이 실제인지 아닌지 의심하고 있었습니다."

이 말을 들은 담당무준 선사는 크게 꾸짖었습니다.

"입으로 일체 만법에 무애자재하여도 잠들어 캄캄하면 어떻게 생사를 해결할 수가 있느냐! 불법이란 근본적으로 생사 문제를 해결하는 것이야. 생사해탈을 얻는 것이 근본이야. 잠들면 캄캄한데 내생은 어떻게 하겠어."

그러면서 담당스님은 대혜스님을 내쫓았습니다. 대혜스님의 근본 병통病痛을 찔렀던 것입니다.

또 옛날에 경순景淳선사라는 스님이 있었는데 자신의 법이 수승한 듯 여기고 있었습니다. 그러다가 한번은 잘못하여 넘어진 뒤로 중풍에 걸렸는데, 그러고 나니 자기가 알고 있었던 것과 법문했던 것을 모조리 잊어버리고 그만 캄캄한 벙어리가 되어 버렸습니다. 모든 법을 아는 체했지만 실지로 바로 깨치지 못했기 때문에 한번 넘어지는 바람에 모든 것이 다 없어지게 된 것입니다.

그때 도솔조兜率照 선사라는 이가 행각行脚을 다니다가 이 모습을 직접 눈으로 보고는 이렇게 한탄했습니다.

"한번 넘어져도 저렇게 되는데 하물며 내생이야[偶一失跌尙如此 況隔陰耶]."

이 생사 문제는 영겁불매가 되어 억천 만겁이 지나도록 절대 불변하여 매昧하지 않아야 성취되는 것입니다. 그런데 한번 넘어져도 캄캄하니 몸을 바꾸면 두말할 것도 없는 것입니다.

천하에 자기가 제일인 것 같았던 대혜스님도 무준선사가 그렇듯 자기의 병통을 콕 찌르니 항복을 안 할 수가 없었습니다. 그리하여 다시 공부를 시작하여 죽음을 무릅쓰고 정진하고 있었는데 담당무준 선사가 시름시름 병을 앓더니 곧 죽게 되었습니다. 그래서 "스님께서 돌아가시면 누구를 의지해야 하겠습니까?" 하고 물으니 경사京師의 원오극근 선사를 소개해 주었습니다. 그 유언을 따라 그는 원오극근 선사를 찾아갔습니다.

찾아가서 무슨 말을 걸어 보려나 하였지만 원오스님은 절벽 같고, 자기 공부는 거미줄 정도도 안 되는 것이었습니다. 만약 원오극근 선사가 자기의 공부를 조금이라도 인정하는 기색이면 그를 땅 속에 파묻어 버리리라는 굳은 결심으로 찾아갔는데, 어떻게 해볼 도리가 없었습니다. 그리하여 '아하, 내가 천하가 넓고 큰 사람 있는 줄 몰랐구나!'라고 크게 참회하고 원오선사에게 여쭈었습니다.

"스님, 제가 공연히 병을 가지고 공부인 줄 잘못 알고 우쭐했는데, 담당무준 선사의 법문을 듣고 그 후로 공부를 하는데 아무리 해도 잠들면 공부가 안 되니 어찌 해야 됩니까?"

"이놈아, 쓸데없는 망상 하지 말고 공부 부지런히 해. 그 많은 망상 전체가 다 사라지고 난 뒤에, 그때 비로소 공부에 가까이 갈지 몰라."

이렇게 꾸중듣고 다시 열심히 공부를 하였습니다. 그러다가 한번은 원오스님의 법문을 듣다가 확철히 깨달았습니다. 기록에 보면 '신오神悟'라 하였는데, 신비롭게 깨쳤다는 말입니다. 그때 보니 오매일여입니다. 비로소 꿈에도 경계가 일여하게 되었습니다. 이리하여 원오스님에게 갔습니다. 원오스님은 말조차 들어보지 않고 쫓아냈습니다. 말을 하려고만 하면, "아니야, 아니야[不是 不是]."라는 말만 되풀이합니다. 그러다가 원오스님은 대혜스님에게 '유구와 무구가 등칡이 나무를 의지함과 같다[有句無句 如藤倚樹]'는 화두를 물었습니다. 그래서 대혜스님은 자기가 생각할 때는 환하게 알 것 같아 대답을 했습니다. 그러나 원오스님은 거듭 아니라고 하셨습니다.

"이놈아, 아니야. 네가 생각하는 그것이 아니야. 공부 더 부지런히 해!"

　대혜스님이 그 말을 믿고 불석신명不惜身命하여, 곧 생명을 아끼지 아니하고 더욱 부지런히 공부하여 드디어 깨쳤습니다. 이렇듯 대혜스님은 원오스님에게 와서야 잠들어도 공부가 되는 데까지 성취했습니다. 이렇게 확철히 깨쳐 마침내 원오스님에게서 인가를 받았습니다. 동시에 임제의 바른 맥[臨濟正宗]을 바로 깨쳤다고 하여 원오스님이 임제정종기臨濟正宗記를 지어 주었습니다. 이리하여 대혜스님은 임제정맥의 대법왕으로서 천하의 납자衲子들을 지도하고 천하 대중의 대조사가 되었던 것입니다. 이 모든 것이 대혜스님 어록에 남아 있습니다.

　잠이 깊이 들어서도 일여한 경계에서 원오스님은 또 말씀하셨습니다.

　　"애석하다. 죽기는 죽었는데 살아나지 못했구나[可惜 死了不得活]."

　일체망상이 다 끊어지고 잠이 들어서도 공부가 여여한 그때는 완전히 죽은 때입니다. 죽기는 죽었는데 거기서 살아나야 합니다. 그러면 어떻게 해야 살아나느냐?

　　"화두를 참구 안 하는 이것이 큰 병이다[不疑言句 是爲大病]."

　공부란 것이 잠이 깊이 들어서 일여한 거기에서도 모르는 것이고, 거기에서 참으로 크게 살아나야만 그것이 바로 깨친 것이고 화두를 바로 안 것이며, 동시에 그것이 마음의 눈을 바로 뜬 것입니다.

이처럼 바로 깨치려면 오매일여寤寐一如가 되어야 합니다. 내가 항상 이 오매일여를 주장한다고 오매일여병에 들었다고 말하는 사람도 있지만 이 오매일여를 인정하지 않는 사람은 불법을 인정하지 않는 사람이고, 또 선禪을 모르는 사람입니다. 사실 이 오매일여는 이해하기가 힘들기 때문에 이것을 모르는 사람들이 오매일여를 반대하고 비방하게 되는 것입니다.

대혜스님과 같은 대근기根機도 오매일여가 되기 전에는 그것을 믿을 수 없었습니다. 그렇다고 부처님께서 오매일여를 말씀했으니 안 믿을 수도 없었습니다. 그래서 속으로 '부처님 말씀이 거짓말 아닐까?' 하는 생각도 들었지만 그러다가 자기가 완전히 오매일여가 되고 보니 부처님께서 말씀하신 그대로였습니다.

그래서 대혜선사는 이렇게 말했습니다.

"부처님께서 오매일여라 하신 말씀이 참말이요, 실제로구나[佛說寤寐一如 是眞言是實言]."

3. 태고스님

지금까지 중국의 스님 이야기를 했는데, 우리나라 선문 가운데에 태고太古스님이 계십니다. 태고스님은 공부한 지 20여 년 만인 나이 마흔에 오매일여가 되고 그 뒤 확철히 깨쳤습니다. 깨치고 보니 당시

고려의 큰스님네들이 자기 마음에 들지 않았습니다. 자기를 인가해 줄 스님도 없고, 자기 공부를 알아줄 스님도 없었습니다. 그래서 중국으로 가서 그곳에서 임제정맥을 바로 이어 가지고 돌아왔습니다.
그 스님은 늘 이렇게 말씀하셨습니다.

"점점 오매일여한 때에 이르렀어도 다만 화두하는 마음을 여의지 않음이 중요하다[漸到寤寐一如時 只要話頭心不離]."

이 한마디에 스님의 공부가 다 들어 있습니다.
공부를 하여 오매일여한 경계, 잠이 아무리 들어도 일여한 8지 이상의 보살 경계, 거기에서도 화두를 알기는 쉬운 일이 아닙니다. 그런데 앞에서도 말했듯이 몽중일여도 안 된 거기에서 화두를 다 알았다고 하고 내 말 한번 들어 보라 하는 잘못된 견해를 갖는다면 이것이 가장 큰 병입니다. 이 병은 스스로 열심히 공부해서 고치려 하지 않으면 고쳐지지 않습니다. 다 죽어가는 사람에게 좋은 약을 가지고 와서, '이 약만 먹으면 산다' 하며 아무리 먹으라 해도 안 먹고 죽는다면 억지로 먹여서 살려낼 재주가 없습니다. 배가 고파 다 죽어가는 사람에게 만반진수滿盤珍羞를 차려 와서 '이것만 잡수시면 삽니다' 해도 안 먹고 죽으니 부처님도 어찌 해볼 재주가 없습니다. 아난이 부처님을 30여 년이나 모셨지만 아난이 자기 공부 안 하는 것은 부처님도 어찌지 못했습니다.
내가 항상 말하는 것입니다만 누구든지 아무리 크게 깨치고 아무리 도를 성취했다고 해도 그 깨친 경계가 동정일여動靜一如, 몽중일여夢中一如, 숙면일여熟眠一如하여야만 실제로 바로 깨쳤다고 할 수 있습니다. 동정일여도 안 되고, 몽중일여도 안 된 그런 깨침은 깨친 것도 아니고 실제 생사에는 아무 소용도 없습니다.

참선은 실제로 참선해야 하고 깨침은 실제로 깨쳐야 합니다. 그래야 생사에 자재한 능력을 가질 수 있는 것입니다. 단지 생각으로만 깨쳤다고 하는 것은 생사에 자유롭지 못한 것으로, 깨침이 아니라 불교의 병이요, 외도外道입니다. 참선의 근본 요령은 바로 여기에 있습니다. 우리의 공부는 실제로 오매일여가 되어 영겁불망이 되도록 목숨을 던져 놓고 해야 하는 것입니다. 신명을 아끼지 않고, 목숨도 돌보지 않고 부지런히 노력해야 합니다.

부지런히 노력해야 한다고 하니까 어떤 사람은 "스님, 저는 화두를 배운 지 십 년이 지났습니다만 공부가 안 됩니다."라고 말하기도 합니다. 공부를 해도 안 된다는 것은 결국 공부를 안 했다는 말입니다. 마치 서울에 꼭 가고 싶으면 자꾸 걸어가야 끝내는 서울에 도착하게 되듯이, 십 년 이십 년을 걸어가도 서울이 안 보인다는 말은 서울로 안 가고 가만히 앉아 있었다는 말과 같습니다.

4. 불등수순 선사

불등수순佛燈守詢 스님이 있었습니다. 그는 오조법연 선사의 손제자孫弟子되는 분으로, 대혜선사와는 사촌간이었습니다. 불감혜근佛鑑慧懃 선사 밑에서 약 삼 년 동안 공부하였는데 불감혜근 스님께서 가만히 살펴보니, 이 스님이 근기는 괜찮은데 게을러서 공부를 하지 않는 것이었습니다.

그래서 불감혜근 스님이 한번은 불등수순 스님을 조용히 불러 "네가 내 밑에서 얼마나 있었느냐?"라고 물으니, "삼 년 있었습니다."라고 대답했습니다. 그래서 삼 년 동안 공부한 것을 내놓으라고 했습니다. 이렇게 되니 불등수순 스님은 큰일이 났습니다. 삼 년 동안 밥이나 얻어먹고 낮잠이나 자고 공부는 안 했으니 내놓을 것이 없었습니다. 드디어 불감혜근 스님께서 공부에 대해 한마디 물어보았으나 도무지 캄캄하여 대답을 못하고 있었습니다. 그러자 불감혜근 스님은 "이 도둑놈, 밥도둑놈아. 삼 년 동안 내 밥만 축냈구나. 삼 년을 공부했다면 어찌 이것을 대답 못 해? 밥만 축낸 밥도둑놈, 이런 놈은 하루 만 명을 때려 죽여도 인과도 없어." 하고는 마구 패는 것이었습니다.

불등수순 선사는 가만있다가는 아주 맞아 죽을 것 같았습니다. 그래서 안 맞아 죽으려고 도망을 쳤습니다. 비는 주룩주룩 내리는데 도망가다가 처마 밑에 서서 가만히 생각해 보았습니다. '코도 입도 몸뚱이도 불감혜근 선사와 똑같은데 왜 저 스님은 두들겨 패고, 나는 맞아야 하는가? 어째서 저 스님은 도를 성취했는데 나는 이루지 못하는가?'

이렇게 반성하며 다시 절로 들어가서는 자신이 스님에게 한마디 대답도 못하고 밥도둑놈이라는 소리를 들으며 쫓겨났으니 바로 깨치게 될 때까지는 언제까지라도 자지 않고 눕지도 않고 오직 서서만 지내겠다고 대중에게 선언했습니다. 정진은 계속되었습니다. 밤이 되었는지 낮이 되었는지, 밥을 먹었는지 안 먹었는지, 사람이 있는지 없는지도 잊은 채 계속 정진하였습니다. 불감혜근 스님이 이를 보고는 용맹심이 대단하다고 생각했습니다. 사실 불등수순 스님은 화두 하나만 갖고 생각하고 있을 뿐이었습니다.

하루는 불감혜근 스님이 그를 불렀습니다. 불등수순 스님은 겁은 났지만 부르는데 안 갈 수가 없어서 조마조마한 마음으로 스님 앞에 앉았습니다. 그러자 불감혜근 스님이 무슨 법문을 해주시는데, 그 법문을 듣는 순간 불등수순 스님은 그만 확철히 깨쳤습니다. 그리고 그 자리에서 인가를 받았습니다. 정진을 시작해서 도를 성취하기까지의 기간을 헤아려 보니 사십구 일 동안이었습니다. 사십구 일 동안을 먹는 것도 잊어버리고 입는 것, 자는 것도 잊어버리고 오직 서서 공부만 했던 것입니다. 불등수순 스님은 실제로 용맹정진을 했고, 그리하여 깨쳐서 인가를 받은 것입니다.

불감혜근 스님의 사형되는 분에 원오극근 선사가 있었는데 이 소문을 듣고는 찾아왔습니다.

"그까짓 며칠 동안 공부한 것 가지고 뭘 안다고 인가를 해줘. 사람을 죽여도 푼수가 있지. 내가 봐야겠으니 그놈 오라고 해."

이렇게 불등수순 스님을 불러서는 산으로 데리고 갔습니다. 산모퉁이를 도니 절벽이 나오는데, 절벽 밑에는 폭포가 있고 폭포 밑에는 깊은 소沼가 있었습니다. 그 옆을 지나가는데 원오스님이 그를 절벽 밑의 폭포 속으로 확 밀어 넣더니 공부한 것을 묻는 것이었습니다. 물길이 깊어 발이 땅에 닿지도 않고, 입으로 코로 마구 물이 쏟아져 들어오는데다가 폭포소리가 요란하여 소리도 잘 들리지 않았습니다. 이렇게 정신을 잃게 해 놓고는 법을 묻는 것이었습니다. 그런데 불등수순 스님은 마치 방안에 앉아서 대답하듯 묻는 말에 척척 대답을 했습니다. 이것을 본 원오스님은 "그놈 죽이기는 아깝구나. 끄집어 내줘라."라고 말했습니다.

2장_자유로 가는 길

1. 큰 신심

　그러면 자기 개발, 우리가 가지고 있는 무한한 능력의 개발이라는 큰 과제를 두고서, 우리는 어떠한 결심을 해야 되는가? 우리가 어떤 결심을 해야만 자기 능력을 완전히 개발하여 불보살이 되고 조사가 되고 그리고 선지식이 되어 미래겁이 다하도록 일체 중생을 위해서 살 수 있는가? 법을 위해서 몸을 잊어버려야만[爲法忘軀] 대도를 성취할 수 있습니다. 모든 행동의 근본이 되는 몸까지도 잊어야만 비로소 대도를 성취할 수 있습니다.
　가장 좋은 보기로 부처님을 들 수 있습니다. 대도를 위해서 왕자라는 지위를 버리고 천추만세에 일체 중생을 위해서 얼마나 큰공을 이루었습니까?
　근대에 와서는 오직 진리를 위해서 모든 것을 다 버린 사람, 법을 위해서 몸을 버린 사람으로 청나라 태종 순치 황제를 보기로 들 수 있습니다. 만주족이 만주에서 일어나 십팔 년 동안을 싸워 중국을 통일하여 대청제국을 건설하였는데, 그 세력 판도는 남·북만주, 내·

외몽골, 서장, 안남에 이르러서 중국 역사에서는 말할 것도 없고 세계 역사에서 가장 큰 제국을 건설했습니다. 그런 순치 황제가 대청제국 창업주의 영광을 차버리고 출가를 했습니다. 본래부터 불교에 관심이 있었던 그는 부귀영화란 일시적인 것이며, 또 대청제국의 황제 노릇도 영원에서 영원으로 계속되는 무한한 시간에 비하면 눈 깜짝할 사이의 일이며 아이들의 장난일 뿐이라고 깊이 통찰했습니다. 그래서 황제는 굳은 각오로 곤룡포를 벗어 던지고 야반도주를 했습니다. 그리하여 자기 모습을 감추고 금산사에 가서 나무꾼이 되어 머슴살이로 스님들 시봉을 하면서 공부를 했습니다. 그때 출가시를 썼습니다.

나는 본래 인도의 수도승인데
무슨 인연으로 타락해서 제왕이 되었는가.
我本西方一衲子
緣何流落帝王家

천자 되는 것을 타락 중에서도 가장 큰 타락이라고 보니 이것이야말로 참되게 수도하는 근본 태도가 되는 것입니다.

요즘 보면 동네 이장만 되어도 만금 천자라도 된 것같이 행세하는 사람들이 많습니다. 부처님을 믿고 부처님을 따른다면 부처님의 각오와 결심을 가져야 하는데, 그 반대로 가는 사람이 많습니다. 참으로 자기를 잊고 무상대도를 성취해서 일체 중생을 위해 이 대도를 위하는 큰 결심을 하는 사람은 거의 없습니다. 불교를 믿는다고 하는 사람들이 장사꾼이나 날품팔이하는 사람과도 같습니다. 일반 학생들에게 공부하는 목적이 어디 있느냐고 물으면 어느 회사의 직원이 되는 것이라는 식으로 답하곤 하는데, 이런 장사꾼 같은 심리 가지고는 절대로 무상대도를 성취할 수 없습니다. 혹 사람의 마음도 모르는 채 넘겨짚거나 너무 무시한다고 항의할 사람이 있을지도 모르겠습니다. 그러나 진실로 그런 사람이 있으면 내가 그 사람보고 뼈가 부러지도록 절하겠습니다. 그런 사람은 참으로 귀하기 때문입니다. 불교를 믿는 데는 만승천자도, 곤룡포도 내버리는 그런 큰 신심이 있어야 합니다.

2. 큰 의심

지금까지 이야기했듯이 불교의 근본은 자기 개발에 있습니다. 초월적인 신은 부정합니다. 부처도 믿지 말고 조사도 믿지 말며, 석가도 필요 없고 조사도 필요 없다는 말은 불교의 근본을 나타내는 말이라고 할 수 있습니다. 오직 자기 자신이 부처님이고 절대자임을 알아야 합니다. 곧 자기 자신이 영원한 생명과 무한한 능력을 가진 사람임을 알아야 합니다.

그러면 어떻게 해야만 자기 개발을 완전히 할 수 있는가? 부처님께서 설하신 팔만대장경이 있으니 그 문자만 많이 독송하면 무심삼매無心三昧를 얻을 수 있는가? 아닙니다. "널리 배워서 아는 것이 많으면 마음이 점점 어두워진다[廣學多知 神識轉暗]."고 부처님께서 말씀하셨습니다. 옛사람들도 말하기를, "도의 길은 날로 덜어 가고 학문의 길은 날로 더해 간다[爲道日損 學爲日益]."고 했습니다. 참으로 깨치는 길은 한 생각 덜어서 자꾸자꾸 덜어 나아가야 하고 학문을 하려면 자꾸자꾸 배워 나아가야 됩니다. 도道와 학學은 정반대의 처지에 있습니다. 듣고 보고 하는 것은 무심삼매를 성취하는 데에서는 설비상雪砒霜과 같은 극약이나 마찬가지입니다. 우리의 근본 목표인 대도大道를 성취하여 성불하는 데에서 이론과 문자는 장애물이 되지 이로움을 주지 못합니다. "모든 지식과 언설을 다 버리고 오직 마음을 한곳에 모으라."고 부처님께서 말씀하셨습니다. 부처님은 보리수 아래에서 깨달음으로써 성불하였지 이론과 문자를 배워서 성불하였다는 소리는 없습니다.

부처님이 무엇을 깨달았느냐 하면 중도中道를 깨달았습니다. 그 깨달음을 얻으려면 선정禪定을 닦아서, 곧 참선을 해서 무심삼매를 성취해야 됩니다. 무심삼매를 거쳐 진여삼매에 들어가야 하는데, 하물며 망상이 죽 끓듯 하는 데에서 어떻게 진여삼매를 성취하여 중도를 증득한 부처님의 경계를 상상이라도 할 수 있겠습니까? 그럼 교敎라는 팔만대장경은 무엇인가? 그것은 약방문입니다. 약처방이란 말입니다. 그것에 의지해서 그대로 약을 지어 먹어야 병이 낫습니다. 밥 이야기를 천날이고 만날이고 해봐야 배부르지 않듯이, 약처방만을 천날 만날 외어 봐야 병은 낫지 않습니다. 약을 직접 먹는 것이 실천하는 것이므로 선정을 닦는 좌선을 해야 됩니다. 부처님께서 평생 가르친 것이 이 좌선입니다. 지금도 저렇게 좌선하시며 앉아 있지 않습니까.

1) 아난존자

옛날 스님네는 어떻게 공부해서 어떻게 무심삼매를 성취하여 도道를 이루었는가를 알아볼 필요가 있습니다.

부처님께서 돌아가신 뒤 그 제자들이 부처님이 법문하신 것을 모아 놓은 것이 경經입니다. 그 무렵에는 녹음기도 없고 속기速記하는 사람도 없었지만, 부처님을 삼십여 년 동안 모시고 다니며 시봉했던 아난존자는 부처님 말씀을 잘 기억하고 있었습니다. 그 총명함은 고금을 막론하고 견줄 데가 없으니 한번 들으면 영원토록 잊지 않았습니다. 그래서 부처님 법문을 결집結集하는데, 대중 모두가 아난이 주동이 되어야 한다고 했습니다. 그런데 가장 윗사람인 상수제자上首弟子인 가섭존자가 소집 단계에 가서 그에 반대하였습니다.

"아난은 부처님 말씀은 잘 기억하고 있지만 실제 진리는 깨치지 못했으므로 참석할 자격이 없다."

가섭존자는 아난존자가 아무리 부처님 말씀을 잘 기억하지만, 다시 말하여 팔만대장경이 모두 자기 뱃속에 있지만 아직 자기 마음을 깨치지 못한 봉사이므로 이 결집에 참여할 자격이 없으니 나가라고 하였습니다. 이에 아난존자가 애걸복걸하며 말했습니다. "부처님께서 돌아가시면서 '나의 대법大法을 가섭에게 전했으니 그를 의지해서 공부하라'고 하셨는데 이제 가섭 사형이 나를 쫓아내면 누구를 의지해서 공부하겠습니까." 그러나 가섭존자는 절대 안 된다고 했습니다. 여기는 불법을 깨친 사자獅子만 사는 사자굴인데 깨치지 못한 여우가 어떻게 살 수 있느냐고 하면서 쫓아내 버렸습니다.

할 수 없이 울며 쫓겨난 아난존자는 비야리 성城으로 갔습니다.

그곳에 가니 국왕이며 대신 등을 비롯한 많은 신도들이 큰스님 오셨다고 오체투지五體投地를 하고 법문을 청하므로, 아난존자는 가섭존자에게서 쫓겨난 것은 다 잊어버리고 잘난 체하며 법문을 했습니다. 이때 그 부근에 발기라고 하는 비구가 있었는데 아난이 그곳에 온 뒤로 많은 신도들이 모여 법석을 떠니 시끄러워 도저히 공부가 안 되었습니다. 그래서 발기 비구가 게송을 하나 지었습니다.

좌선하고 방일하지 말아라
아무리 지껄인들 무슨 소용 있는가.
坐禪莫放逸
多說何所利

입 다물고 참선하라는 말입니다. 아난존자가 그 게송을 듣고는 정신이 번쩍 났습니다. 이제 참으로 공부해야겠다고 참회하고는 다른 곳으로 가서 불철주야로 앉아서 정진했습니다. 졸릴 듯하면 일어나 다니고 다리가 아프면 앉았다 하면서 자꾸 선정을 익혔습니다. 며칠이 되었는지도 모르게 그렇게 여러 날 공부했습니다. 그러다가 나중에는 어찌나 고달픈지 도저히 참을 수 없어서 잠깐 누워 쉬어야겠다고 생각하고 목침木枕을 베려고 턱 드러눕다가 확철히 깨달았습니다. 참으로 무심삼매를 성취한 것입니다. 목침을 집어던지고 밤새도록 걸어서 가섭존자에게 갔습니다. 가섭존자가 몇 가지 시험을 해보니 확철히 깨친 것이 확실하므로 결집하는 사자굴에 참가할 자격을 주었습니다. 경에 보면 '여시아문如是我聞'이라는 말이 있는데 이것은 아난의 말입니다.

　결국 부처님의 십대 제자 가운데 다문제일多聞第一은 아난존자이지만, 근본 법은 부처님께서 가섭에게 전했고 가섭은 다시 아난에게 전했습니다. 곧 부처님은 시조始祖이시고, 초조初祖는 가섭존자, 2조二祖는 아난존자입니다. 아난존자 밑으로 상나화수 존자로 이어지고……, 이렇게 해서 정법正法은 28대代 달마대사가 중국에 옴으로써 동토東土에 전해졌습니다. 이 선종이 중국에 소개되어 육조스님 뒤로는 천하를 풍미해서 모든 불교를 지배하게 되었는데, 육조스님은 오조 홍인弘忍 대사 밑의 제일 큰 제자로서 일자무식이었습니다. 당시 홍인스님의 제자로 신수神秀라는, 불교뿐만 아니라 유교와 도교 등에서도 아무도 따라갈 수 없을 정도의 대지식가가 있었지만 이 신수스님은 도를 바로 깨치지 못했으므로, 법은 일자무식인 육조스님에게 가고 말았습니다.

2) 덕산스님

　중국 선종사禪宗史에서 보면 임제종을 창설한 임제스님과 운문종·법안종의 종조宗祖되는 덕산德山스님, 이 두 분 스님을 조사들 가운데 영웅이라고 하여 칭송하고 있습니다.

　덕산스님은 처음 서촉西蜀에 있으면서 교리 연구가 깊었으며 특히 금강경에 능통하여, 세상에서 스님의 속성이 주周씨이므로 주금강周金剛이라고 칭송을 받았습니다. 스님은 그 무렵 남방에서 교학을 무시하고 오직 '견성성불見性成佛'을 주장하는 선종의 무리가 있다는 말을 듣고 분개하여 평생에 심혈을 기울여 연구한 『금강경소초金剛

經疏鈔』를 짊어지고 떠났습니다. 가다가 점심點心 때가 되어서 배가 고픈데 마침 길가에 한 노파가 떡을 팔고 있었습니다.

"점심을 먹으려고 하니 그 떡을 좀 주시오."
하니, 그 노파가

"내 묻는 말에 대답하시면 떡을 드리지만 그렇지 못하면 떡을 드리지 않겠습니다."
고 하여 덕산스님이 "그러자."고 하였습니다. 노파가 물었습니다.

"지금 스님의 걸망 속에 무엇이 들어 있습니까?"
"『금강경소초』가 들어 있소."
"그러면 금강경에 '과거의 마음도 얻을 수 없고 현재의 마음도 얻을 수 없고 미래의 마음도 얻을 수 없다'고 하는 말씀이 있는데 스님은 지금 어느 마음에 점을 찍으려고 하십니까?"

'점심點心 먹겠다'고 하는 말을 빌려 이렇게 교묘하게 질문한 것입니다. 이 돌연한 질문에 덕산스님은 아무 말도 할 수 없었습니다. 자기가 지금까지 그렇게도 금강경을 거꾸로 외고 모로 외고 모르는 것이 없다고 생각했는데 이 떡장수 노파의 한마디에 모든 것이 다 달아나 버렸습니다. 그래서 노파에게 물었습니다.

"이 근방에 큰스님이 어디 계십니까?"
"이리로 가면 용담원龍潭院에 숭신崇信선사가 계십니다."

덕산스님은 점심도 먹지 못하고 곧 용담으로 숭신선사를 찾아갔습니다.

"오래 전부터 용담龍潭이라는 말을 들었더니 지금 와서 보니 용龍도 없고 못[潭]도 없구만요."

"참으로 자네가 용담에 왔구먼."

주금강은 또 할 말을 잃어버렸습니다. 그때부터 용담스님 밑에서 공부를 하였는데, 하루는 밤이 깊도록 용담스님 방에서 공부한 뒤에 자기 방으로 돌아가려고 방문을 나섰다가 밖이 너무 어두워 방 안으로 다시 들어갔습니다. 그래서 용담스님이 초에 불을 켜서 주는데 덕산스님이 받으려고 하자마자 곧 용담스님이 촛불을 확 불어 꺼 버리는 것이었습니다. 바로 이때 덕산스님은 활연히 깨쳤습니다. 그러고는 용담스님께 절을 올리니 용담스님이 물었습니다.

"너는 어째서 나에게 절을 하느냐?"

"이제부터는 다시 천하 노화상들의 말을 의심하지 않겠습니다."

그 다음날 덕산스님이 『금강경소초』를 법당 앞에서 불살라 버리며 말하였습니다.

> 모든 현변玄辯을 다하여도
> 마치 터럭 하나를 허공에 둔 것 같고,
> 세상의 추기樞機를 다한다 하여도
> 한 방울 물을 큰 바다에 던진 것과 같다.

모든 변론과 언설이 하도 뛰어나서 온 천하의 사람이 당할 수 없다고 해도, 깨달은 경지에서 볼 때는 큰 허공 가운데 있는 조그만 터럭과 같다는 것입니다. 자기가 실제로 깨친 것은 저 허공과 같이 광대무변한 것으로, 이 대도라는 것에 비하면 세상의 모든 수단을 다하는 재주가 있다 하여도 그것은 큰 골짜기에 작은 물방울 하나 던지는 것과 같다는 것입니다. 전에는 지식이 장한 줄 알았다가 바로 깨쳐 놓고 보니 자기야말로 진짜 마군이의 제자가 되어 있었더라는 것입니다.

덕산스님은 이렇게 깨치고 나서, 사람을 가르치는 데 누구든 어른거리면 무조건 몽둥이로 때렸습니다. 부처님이 와도 때리고 조사가 와도 때리고 도둑이 와도 때리는 미친 사람이 되었습니다. 또한 한 주일마다 온 절 안을 뒤져서 무슨 책이든 눈에 띄기만 하면 모두 불에 넣어 버렸습니다. 이 덕산스님의 몽둥이 밑에서 무수한 도인이 나왔습니다. 천하에 유명한 설봉스님, 암두스님이 나왔으며, 운문스님의 운문종과 법안스님의 법안종이 또한 이 몽둥이 밑에서 나왔습니다. 이렇듯 자기 개발이란 오직 마음을 닦아서 삼매를 성취해야 하는 것이지 언어 문자에 있는 것이 절대 아닙니다.

3) 임제스님

중국에서 선종이 천하를 풍미할 때 선종은 임제종, 조동종, 위앙종, 운문종, 그리고 법안종의 다섯 종파로 나누어져 있었는데, 그 가운데에서도 임제종이 가장 융성했습니다.

임제종의 종주는 황벽스님의 제자인 임제스님으로, 일찍이 교학을 많이 배운 스님입니다. 스님은 교敎만으로는 부족하고 꼭 선禪을 해서 깨달아야겠다고 생각하고, 유명한 황벽스님을 찾아갔습니다. 황벽스님은 특별한 가르침을 배운 적도 없이, 나면서부터 아는 생이지지生而之知로서, 당시의 천자인 선종禪宗을 두드려 팬 일이 있는 걸출한 선승이었습니다. 이 스님 밑에서 한 3년 열심히 공부를 했습니다. 그때에 황벽스님 회상에는 수좌로 목주스님이 있었는데 임제스님을 격려하기 위해 물었습니다.

"상좌上座는 여기 온 지가 몇 년이나 되었는가?"

"삼 년입니다."

"그러면 황벽스님께 가서 법을 물어본 적이 있는가?"

"없습니다. 무엇을 물어야 할지를 모르겠습니다."

"너는 어찌하여 황벽스님에게 가서 '어떤 것이 불법佛法의 긴요한 뜻입니까' 하고 물어보지 아니하였는가?"

그 말을 듣고 임제스님은 황벽스님에게 가서 똑같이 물었습니다. 그런데 묻는 말이 미처 끝나기도 전에 황벽스님이 갑자기 몽둥이로 스무 대나 때리는 것이었습니다. 임제스님이 몽둥이만 맞고 내려오니 목주스님이 물었습니다.

"여쭈러 간 일이 어떻게 되었느냐?"

"제가 여쭙는 말이 채 끝나기도 전에 조실 스님이 갑자기 때리시니 그 뜻을 제가 알 수가 없습니다."

"그러면 다시 가서 여쭈어라."

그 말을 듣고 임제스님이 다시 가서 여쭙자 황벽스님은 또 몽둥이로 때렸습니다. 이와 같이 세 번 가서 여쭙고 세 번 다 몽둥이만 맞고 말았습니다. 임제스님이 돌아와서 목주스님께 말했습니다.

"다행히 자비를 입어서 저로 하여금 황벽스님께 가서 문답케 하셨으나 세 번 여쭈어서 세 번 다 몽둥이만 실컷 맞았습니다. 인연이 닿지 않아 깊은 뜻을 깨칠 수 없음을 스스로 한탄하고 지금 떠날까 합니다."

"네가 만약 갈 때는 황벽스님께 꼭 인사를 드리고 떠나라."

임제스님이 절하고 물러가자 목주스님은 황벽스님을 찾아가서 여쭈었습니다.

"스님께 법을 물으러 왔던 저 후배는 매우 법답게 수행하는 사람입니다. 만약 하직 인사를 드린다고 오면 방편으로 그를 제접하여 이후로 열심히 공부케 하면, 한 그루 큰 나무가 되어 천하 사람들을 위해 시원한 그늘이 되어 줄 것입니다."

임제스님이 와서 하직 인사를 드리니 황벽스님이 말씀하셨습니다.

"다른 곳으로 가지 말고 너는 고안高安 개울가의 대우大愚스님에게 가거라. 반드시 너를 위해 말씀해 주실 것이니라."

임제스님이 대우스님을 찾아뵈오니 대우스님이 물었습니다.

"어디서 오는고?"

"황벽스님께 있다가 옵니다."

"황벽이 어떤 말을 가르치던가?"

"제가 세 번이나 불법의 긴요한 뜻이 무엇인가 하고 여쭈었는데 세 번 다 몽둥이만 맞고 말았습니다. 저에게 무슨 허물이 있는지 알지 못하겠습니다."

"황벽이 이렇게 노파심절老婆心切로 너를 위해 철저하게 가르쳤는데 여기 와서 허물이 있는지 없는지를 묻는 것이냐?"

임제스님이 그 말끝에 크게 깨치고 말했습니다.

"원래 황벽의 불법佛法이 별것 아니구나!"

대우스님이 임제의 멱살을 잡고 말했습니다.

"이 오줌싸개 놈아! 아까는 와서 허물이 있는지 없는지를 묻더니 지금은 또 황벽의 불법이 별것 아니라고 하니 너는 어떤 도리를 알 았느냐. 빨리 말해 보라, 빨리 말해 보라!"

임제스님은 대우스님의 옆구리를 세 번 쥐어박았습니다. 그러자 대우스님이 멱살 잡은 손을 놓으면서 말했습니다.

"너의 스승은 황벽이지 내가 간여할 일이 아니니라."

임제스님이 대우스님께 하직하고 황벽스님에게 돌아오니, 황벽스님은 임제스님이 오는 것을 보고 물었습니다.

"이놈이 왔다 갔다만 하는구나. 어떤 수행의 성취가 있었느냐?"

"다만 스님의 노파심절 때문입니다."

"어느 곳에서 오느냐?"

"먼젓번에 일러주신 대로 대우스님께 갔다 옵니다."

"대우가 어떤 말을 하던가?"

임제스님이 그 사이의 일을 말씀드리자 황벽스님이 말했습니다.

"뭣이라고! 이놈이 오면 기다렸다가 몽둥이로 때려 주리라."

그러자 임제스님이 말했습니다.

"기다릴 것 무엇 있습니까, 지금 곧 맞아 보십시오."

하면서 황벽스님의 뺨을 후려치니 황벽스님이 말했습니다.

"이 미친놈이 여기 와서 호랑이 수염을 만지는구나!"

그러자 임제스님이 갑자기 고함을 치니 황벽스님이 말했습니다.

"시자야, 이 미친놈을 끌어내라."

그 뒤 임제스님이 화북華北 지방으로 가서 후배들을 제접하면서 누구든지 앞에 어른거리면 고함을 쳤습니다. 그래서 임제스님이 법 쓰는 것을 비유하여 '우레같이 고함친다[喝]'고 평하였습니다. 그때부터 임제종이 시작되었습니다.

　임제스님이 소리 지르는 것[喝], 덕산스님과 황벽스님이 사람 때리는 것[棒], 이 이치를 바로 알면 모든 문제가 해결됩니다. 그전에는 팔만대장경을 거꾸로 외고 모로 외위도 소용없습니다. 지식으로는 박사의 박사를 더한다 해도 소용없으니, 오로지 불법은 깨쳐야 알지 깨치기 전에는 절대 모릅니다.
　우리가 가지고 있는 무한한 능력을 다 개발하면 영원토록 대자유, 대자재한 절대적인 행복을 성취할 수 있는데, 그것은 어떤 방법으로 가능한가? 반드시 무심삼매를 성취해야 되고, 이 무심삼매를 성취하려면 오직 마음을 닦아야지 지식과 언설로써는 절대로 안 됩니다.

3. 세 가지 장애

　그러면 생사해탈 공부는 어떻게 해야 하는가? 물론 화두 공부를 부지런히 해서 깨치면 그만이지만, 그 공부하는 데 가장 방해되는 것 세 가지가 있습니다. 그 세 가지만 피하면 공부를 좀 할 수 있습니다.

　첫째는 돈입니다. 공부하는 사람이 돈이 눈에 보이면 공부는 그만입니다. 세상이 시끄럽고 종단이 수난을 겪는 것도 그 근본을 따지고 보면 전부 돈 때문입니다. 돈 때문에 승려가 타락하고 돈 때문에 출가자가 썩고 하는 것입니다. 참으로 돈을 독사보다 무서워하고 비상砒霜보다 겁을 내야 합니다. 참으로 돈에 끄달리지 않고 돈을 멀리하고 초탈한 그런 사람이면 실제 대도大道를 성취하지 않으려야 않을 수 없습니다.

그런데 돈만 보면 모두 거꾸러지고, 돈만 보면 모두 미쳐버립니다. 옛말도 있습니다. '황금흑리심黃金黑吏心', 곧 누런 황금이 관리의 마음을 검게 한다는 말입니다. 요즈음 내가 보기에는 '황금살승심黃金殺僧心', 곧 돈이 수도자의 마음을 다 죽인다고 하는 말이 맞습니다. 그러니 무엇보다도 이 돈에 대해 철저하게 끄달리지 않는다면 공부할 분分이 좀 있다고 보겠습니다. 그런데 사실 돈에 안 끄달릴 사람이 별로 없지요? 어린애들도 돈만 주면 좋아합니다. 내가 꼬마 친구들을 좋아하는데, 노래 불러라 해서 노래를 안 부르다가 돈 주면 그만 노래합니다. 어떤 아이는 아무리 노래를 부르라고 해도 안 부릅니다. "오천 원 줄게" 해도 안 합니다. 나중에는 자기 아버지가 만 원짜리 한 장을 썩 내주었더니 좋아서 받더니 그만 노래 부르고 춤을 추는 것이었습니다.

"어미, 아비보다 돈이 최고구먼!"

'그러나 우리가 참으로 도를 성취하려면 돈하고는 반대가 되어야 하는데……' 나도 입으로는 이렇게 말하면서 돈을 얼마나 좋아하는지는 알 수 없는 것 아니겠습니까. 누가 한번 내게 물어보십시오.

"스님은 돈 얼마나 모아 놓았습니까?"
라고 말입니다.

둘째는 여자입니다. 남자에 대해서는 여자이고, 여자에 대해서는 남자입니다. 여자는 사실 그렇게 중시할 재료는 못 됩니다. 재료가 못 된다 말입니다. 옛날 어디에서인가 있었던 일입니다. 여자 천 명을 모아 큰 절구통에 넣어서 쿵쿵 찧었습니다. 그리고서 남자 하나를 만들었는데 그 남자가 눈이 하나 멀었더라고 합니다.

어쨌든 도를 성취하려면 여자를 가깝게 하지 말라고 말해 왔습니다. 언젠가 누가 무슨 이야기 끝에,

"스님, 우리 비구니를 칭찬 좀 해주십시오."

하던데, 사실은 이렇게 이야기하는 것이 모두 다 칭찬입니다.

부처님께서도 일찍이 이렇게 말씀하셨습니다.

"여자 같은 장애물이 두 가지만 되어도 성불할 사람 아무도 없다."

어떤 사람은 이렇게 말합니다.

"그건 본능이야, 본능! 배고픈데 밥 안 먹고 살 수 있어?"

본능이라도 다릅니다. 밥 안 먹고는 살지 못하지만 여자는 없어도 얼마든지 살 수 있습니다.

또 어떤 여자는 이렇게 말한다고 합니다.

"부처님은 여자와 무슨 원수가 졌다고 항상 여자를 경계하라고 하시는고?"

원수가 져서 하는 말씀이 아닙니다. 도를 성취하려면 반드시 여자를 멀리해야지, 그러지 않으면 성취하지 못한다는 말입니다.

마지막 한 가지는 명예입니다.

명예, 이름병!

이것은 단수가 높은 것입니다. 돈도 필요 없다, 여자도 내 앞에서 어른거리지 못한다고 이렇게 말하지만, 그 사람의 내부 심리를 현미경이나 엑스레이 기계로 들여다보면,

"내가 이토록 참으로 장한 사람이다, 큰스님이다, 도인이다."
하는 이름을 내기 위해서 그런 행동을 하고 또 생활을 하는 경우가 있습니다. 병 가운데서도 재물병, 곧 돈병과 여자병 이 두 가지보다도 더 무서운 것이 바로 이름병이라는 것입니다.

계행이 청정하여 돈도 필요 없다, 여자도 감히 어른거리지 못한다고 하면 천하제일의 큰스님이 되는 것 아닙니까? 그렇지만 "큰스님, 큰스님" 하면서 옆에 와서 자꾸 절을 하면 그만 정신이 없어집니다. 여자와 재물은 벗어나도 대접받는 것에서는 벗어나기 참 힘듭니다.

실제로 재물병과 여자병은 결심만 단단히 하면 벗어날 수 있습니다. 이런 병에 걸리면 주위에서 남들이 욕이라도 하지만, 이름병에 걸리면 남들이 더 칭찬해 주니, 그럴수록 이름병은 참으로 고치기 어려운 것입니다. 책을 본다든지 하여 말주변이나 늘고 또 참선이라고 좀 해서 법문이라도 하게 되면 그만 거기에 빠져 버리는데, 이것도 일종의 명예병입니다. 이리하여 평생이 잘못된 생활이 되는 것입니다. 자기만이 아니고 남도 그렇게 만들어 버리고, 그래서 큰스님 소리 듣고 대접받는 데 정신없다가, 마침내는 부처님이 성취하신 것과 같은 참다운 그런 대자유를 성취하지 못하는 것입니다. 그래서 옛날 스님들이 재물병이나 여자병보다도 명예병이 더 무섭고 고치기 어렵다고 하였습니다.

이러니 우리가 서로서로 반성하여 이 세 가지를 완전히 벗어나서

참으로 출격 대장부가 되어 크게 자유자재한 해탈도를 성취하여야 합니다.

3장_신심信心이 성지聖地다

1. 관음보살과 문수보살

어떤 것이 부처님입니까?
금사탄 여울가의 마씨 부인이로다.
如何是佛
金沙灘頭馬郎婦

이것은 임제종의 3세인 풍혈스님의 법문입니다. 어떤 스님이 풍혈 스님에게 묻기를, "어떤 것이 부처님입니까?" 하니 "금사탄 개울가의 마씨 부인이다." 하였습니다.

이 말이 떨어지는 곳[落處], 곧 근본 뜻은 각자가 공부를 하여 확철히 깨쳐서 참으로 자성을 밝혀야 알지 그전에는 모르는 것이니 부지런히 공부할밖에 다른 길이 없습니다. 다만 '금사탄두마랑부'라는 말의 출처가 어떤 것인가 하는 것은 이야기할 수 있습니다.

지금의 중국 섬서성에 '금사탄'이라는 유명한 강이 있습니다. 당나라 정원貞元(785~804) 때, 어디서 어떻게 왔는지도 모르는 천하일색의 여자가 이 강가에 살고 있었는데, 사방에서 돈 있는 사람, 벼슬 높은 사람을 비롯하여 온갖 사람들이 그 여자에게 청혼하였습니다. 그 여자는 "내 몸은 하나인데 청혼하는 이가 여러 사람이니 내 조건을 들어주는 사람에게 시집가겠습니다." 하며 『법화경』「보문품」을 외라는 조건을 걸었습니다.

그 이튿날 보니 스무 명이 『법화경』「보문품」을 하룻밤 사이에 다 외워 달려왔습니다. 그래서 이번에는 『금강경』을 외우라고 했습니다. 그 다음날 새벽에 보니 또 십여 명이나 되어, 이번에는 『법화경』을 다 외워 오라고 했습니다. 『법화경』은 좀 많은데도 사람들은 그래도 이 미인에게 장가들 욕심으로 죽자 하고 외웠습니다.

마씨 집 아들, 곧 마랑馬郞이 사흘 만에 다 외고 달려왔습니다. "참 빨리 외셨습니다. 한번 외어 보십시오." 하니 줄줄줄 다 외는 것이었습니다. "내가 참으로 천하에 좋은 낭군을 찾아다니는 중인데 당신같이 좋은 낭군을 만났으니 이젠 한이 없습니다. 당신에게 시집 가겠습니다."

이렇게 결정되어 혼인날을 받고 성례成禮를 했습니다. 결혼식이 끝나고 신부가 방으로 들어가자, 잠시 후 축하객들이 채 헤어지기도 전에 신부가 "아이구 배야, 아이구 머리야!" 하더니 갑자기 데굴데굴 구르다가 덜컥 죽어 버리고 말았습니다. 마랑은 이 처녀에게 장가들기 위해 밤잠도 안 자고 『법화경』을 외고 또 외었는데 신부가 죽어 버리고 만 것입니다. 그런데 금방 죽은 여인의 시체가 썩더니 진물이 줄줄 흐르는 것이었습니다. 천하일색, 그 아름답던 사람의 몸이 금방 오물이 되어 흘러내리니 참으로 흉하지 않겠습니까. 아무리 만승

천자萬乘天子가 좋다 해도 죽어서 썩으면 그만이듯이, 아무리 미인이라도 죽어서 썩으니 그만입니다.

마랑은 부랴부랴 관을 짜서 여자의 시신을 산에 묻어 버렸습니다. 그래도 죽기 전의 그 처녀가 마랑의 눈앞에 어른거렸습니다. 자신이 박복하다고 한탄하며 지내던 어느 날, 스님 한 분이 마랑을 찾았습니다.

"일전에 이곳에서 처녀 한 사람이 죽지 않았습니까, 그 묘소가 어디 있습니까?"

묘소로 안내하니 스님이 갖고 있던 석장으로 묘를 탁 치는데, 묘가 둘로 갈라지면서 그 속에 소복하게 쌓여 있는 누런 황금뼈가 보였습니다. 불과 며칠 전에 죽은 사람인데 석장으로 추켜드니 금쇄골金鎖骨입니다. 뼈 마디마디가 고리가 되어서 머리부분을 드니 발 뒤끝까지 끌려 올라왔습니다. 그때 스님이 말했습니다.

"이것을 알겠느냐?"

"모르겠습니다."

"그 처녀가 바로 관세음보살이야. 이곳 섬서성 사람들이 하도 신심이 없어서 너희들을 제도하기 위해 관세음보살님이 처녀 몸으로 나투어 온 것이야. 이 금쇄줄을 봐!"

마랑은 『법화경』을 사흘 만에 다 욀 만큼 영리한 사람이어서 곧 그 뜻을 알았습니다.

'참으로 내가 관세음보살님을 친견했구나!'

"이렇게 관세음보살이 좋은 법문을 해주었으니 너희들은 부지런히 수행하거라!"

이렇게 말하고 그 스님은 허공으로 날아가 버렸습니다.

이것이 유명한 '금사탄두마랑부'이니, 금사탄 개울가의 마씨 부인이라는 뜻으로, 널리 알려진 중국의 고사입니다.

문제는, '과연 그럴 수 있을까? 관세음보살이 화현化現하다니, 도저히 믿을 수 없다'고 의심이 가는 것을 이해가 안 된다고 하여 그것을 거짓말이라고 단정한다면 산 채로 지옥에 떨어진다는 것입니다.

관세음보살이 세인世人에게 나타난 사례는 아주 흔합니다. 그 중에서도 가장 유명한 곳이 보타락가산寶陀洛迦山입니다. '보타'란 인도 말로 '희다'는 뜻이고 '낙가'는 '꽃'이란 말로서 보타락가는 '흰 꽃'이란 뜻입니다. 관음도량觀音道場은 백화도량百華道場이라고도 합니다. 보타락가 산에 조음동潮音洞이라는 곳이 있습니다. 나는 가보지 못하였지만 사진으로는 여러 번 보았습니다. 그곳에서는 누구든지 정성껏 기도하면 수시로 관세음보살이 나타난다고 합니다. 그래서 중국에는 성지聖地와 명소가 많지만 돈이 많이 생기는 곳은 보타락가 산입니다. 온 천하 신도들이 관세음보살을 친견하려고 많이 오기 때문입니다. 수백, 수천 명의 사람이 모여 향을 꽂고 정성껏 기도를 하면, 그 가운데 관세음보살이 나타나서 때로는 법문도 하고 여러 동작을 하는 것을 보게 됩니다. 그런 것을 보면 신심이 솟아나서, 신도들이 돈을 막 쏟아 놓고 갑니다. 그래서 해방 전까지만 해도 보타락가 산 절 한 곳에만도 대중스님이 사천여 명 살았습니다. 그리고 신도들이 자꾸 와서 관세음보살을 친견한 후에는 돈을 쏟아 놓고 갑니다.

그런데 제일 문제되는 것은 사신공양捨身供養입니다. 관세음보살 친견에 너무 감격하여 '이 몸을 관세음보살께 바치겠다'고 높은 절벽에서 떨어져 몸을 공양하는 것입니다. 그래서 사신공양을 못하도록 관세음보살이 자주 나타나는 주변에는 이리저리 막아서 사람이 죽지 못하도록 조치를 했습니다. 그래도 가끔 사신공양 사건이 일어났습니다. 이것이 유명한 보타락가산의 관세음 현신現身입니다.

관세음보살은 보타락가산에만 나타나는 것이 아니고 금사탄에도 퍽 자주 나타났다는 것입니다. '금사탄두마랑부'라는 이 이야기는 보통 사람이 말한 것이 아니고 선종의 가장 큰 종파인 임제종의 제3세 적손嫡孫인 풍혈스님이 하신 말씀입니다. 그러나 풍혈스님이 말씀하신 그 법문의 근본 뜻은, 앞에서도 말했듯이, 공부를 하여 확철히 깨치기 전에는 모르는 것으로, 나는 다만 그 연유가 어찌 된 것인가를 말한 것입니다.

이것보다 더 유명하며 기적적인 법문이 선가에 있습니다. 전삼삼 후삼삼前三三 後三三이라는 것입니다. 이 법문은 유명한 『벽암록碧巖錄』 100칙百則에도 들어 있습니다. 이것은 문수보살이 말씀하신 이야기입니다.

무착문희無着文喜 선사가 문수보살을 친견하려고 중국의 오대산에 갔다가 금강굴 앞에서 웬 영감 한 분을 만났습니다. 그 영감을 따라가니 아주 좋은 절이 있어서 그 절에 들어가 영감과 마주 앉아서는 이런저런 이야기를 나누었습니다.

그 영감이 물었습니다.
"남방 불법은 어떻게 행하는가[南方佛法 如何住持]?"
"말세 중생이 계행이나 지키고 중노릇합니다[末法比丘 小奉戒律]."

"절에는 몇 사람이나 모였는고[多小衆]?"

"삼백 혹은 오백 명 모여 삽니다[或三百 或五百]."

무착스님도 한마디 묻고 싶었습니다.

"여기는 불법이 어떠합니까[此間如何住持]?"

"범인과 성인이 같이 살고, 용과 뱀이 섞여 살지[凡聖同居 龍蛇混雜]."

"그럼 숫자는 얼마나 됩니까[多小衆]?"

"앞으로도 삼, 삼, 뒤로도 삼, 삼이지[前三三 後三三]."

'용과 뱀이 섞여 살고 범인과 성인이 같이 산다'는 말은 보통으로 들으면 그저 그런 것 같지만 그 뜻이 깊은 곳에 있습니다. 겉말만 따라가다가는 큰일납니다. 무착선사는 그 말뜻이 무엇인지도 모른 채 노인과 작별하고 나와 돌아보니 절은 무슨 절, 아무것도 없습니다. 그래서 그것에 대해 게송을 읊었습니다.

> 시방세계 두루 성스러운 절
> 눈에 가득히 문수와 말을 나누나
> 당시는 무슨 뜻을 열었는지 모르고
> 머리를 돌리니 다만 푸른 산 바위뿐이더라.
> 廓周沙界聖伽藍
> 滿目文殊接話談
> 言下不知開何印
> 廻頭只見翠山巖

그 후에 또 문수보살을 친견하여 법문 들은 것이 있습니다. 불교

선문에서 흔히 알고 있는 내용입니다.

>누구나 잠깐동안 고요히 앉으면
>강가 모래같이 많은 칠보탑을 만드는 것보다 낫도다.
>보배탑은 끝내 무너져 티끌이 되거니와
>한 생각 깨끗한 마음은 부처를 이루는도다.
>若人靜坐一須臾
>勝造恒沙七寶塔
>寶塔畢境碎微塵
>一念淨心成正覺

이 게송을 아는 사람은 많지만, 어디서 나오는 것인지 그 출처를 모르는 사람이 많을 것입니다. 이것은 무착문희 선사가 오대산에 가서 문수보살을 친견하고 문수보살이 '직접' 무착스님에게 설한 법문입니다. 그러니 관세음보살뿐 아니고 문수보살 같은 그런 대보살들도 32응신만이 아니라 삼백, 삼천, 또 몇 천억 화신을 나툴 수 있는 것입니다. 누구든지 불법을 성취하여 대해탈부사의 경계를 얻을 것 같으면 문수보살도 될 수 있고, 관세음보살도 될 수 있고, 보현보살도 될 수 있으며, 32응신이 아니고 백, 천 화신을 나타내어 자유자재하게 일체 중생을 제도할 수 있는 것입니다.

문수보살을 보는 가장 유명한 성지가 중국의 오대산인데 그곳에 가서 실제로 친견한 기록도 많이 있습니다. 우리나라 역사에서도 보면 신라시대 자장스님이 중국에 갔을 때 오대산에서 문수보살을 친견하고 법문을 들었다고 합니다. 그 뒤 스님은 귀국하여 불교를 위해 여러 가지를 하시다가 나중에 태백산 정암사에서 돌아가셨는데, 그때 돌아가시기 얼마 전에 문수보살이 직접 스님을 찾아왔지만 그만 시자들의 실수로 친견하지 못했다고 합니다.

실제로 문수보살이 사자를 타고 나타나는가 하면, 노인으로 또는 동자童子가 되어 나타나는 수도 있고 여러 가지로 몸을 나투어 비유로써 중생을 교화합니다. 그래서 누구든지 신심이 있고 오대산에 가서 기도를 많이 하는 사람이면 문수보살을 직접 친견할 수 있습니다. 그렇다면 우리가 오대산에 가야 문수보살을 친견하고 낙가산에 가야만 관세음보살을 친견할 수 있는가? 아닙니다. 그렇지 않습니다. 부처님께서 항상 하신 말씀이 있습니다.

> 중생을 제도하기 위해
> 방편으로 열반을 나타내지만
> 내가 실제 죽는 것 아니고
> 항상 여기서 법을 설한다.
> 爲度衆生故
> 方便現涅槃
> 而實不滅道
> 常住此說法

'상주차설법常住此說法'이라 함은 항상 여기 계시면서 설법하시는 것을 말합니다. '여기'란 시방 세계로서 처처가 '여기'입니다. 꼭 영축

산만 여기가 아닙니다. 보타산이 어느 곳인가? 사람 사람의 신심이 보타산입니다. 철저한 신심으로 기도를 하면 어디든지 나타납니다. 관세음보살이 나타나는 곳이 보타산입니다. 문수보살 나타나는 곳이 오대산입니다. 오대산이 따로 없고 보타산이 따로 없으니, 사람마다 그 신심에 있습니다. 신심! 오직 신심으로 공부도 기도도 하면, 누구든지 살아서 관음도 문수도 볼 수 있으며 산 부처님도 볼 수 있습니다.

2. 농산행

일본 비예산比叡山은 천태종 본산으로 여기에 연역사延曆寺라는 절이 있습니다. 천태종이 전교傳敎대사에 의해 그곳에서 개종한 지는 약 1,200년이 되었는데, 1,200년을 계속 내려오면서 12년을 단위로 농산행籠山行이라는 수행을 합니다. 그 당시 전국적으로 가장 영리하고 가장 신심 있는 사람을 골라서 12년 동안 비예산의 정토원淨土院이라는 절에 앉혀 두고 공부를 시켰던 것입니다. 이렇게 하는 것을 농산행이라고 합니다. 12년 만기가 되기 전에는 절대로 밖으로 나올 수가 없습니다.

이런 공부 방법이 1,200년 동안 한번도 끊이지 않고 계속되어 왔습니다. 12년이 지나면 다른 사람이 들어가서 대를 잇고 또 12년이 지나면 다른 사람이 들어가기를 100명째 계속해 온 것입니다.

들어가는 첫째 조건은 대승계를 받는 것인데 그때의 계는 부처님에게서 직접 받아야 한다고 합니다. 어떻게 부처님에게서 받느냐 하면 기도를 간절히 하면 부처님께서 나타나 계를 주신다는 것입니다. 다시 말하면 '서상瑞相을 본다'는 것입니다. 농산을 할 때는 반드시 기도를 하여 부처님으로부터 직접 계를 받아야 합니다.

어떤 방법으로 기도하느냐 하면 하루에 삼천 배씩 절을 합니다. 이때 삼천 불명경이란 것이 있어서 이것을 펴 두고 부처님 명호를 한 번씩 부르면서 절을 하는데, 오체투지五體投地로 아주 정성껏 해야 하며, 절을 한 번 하고는 가루 향을 한 번씩 사르고 다시 절을 해야 합니다. 아주 천천히 하루종일 스물네 시간 동안 절만 하는 것입니다.

요즈음 백련암에서 삼천 배 절을 시켜 보면 어떤 사람은 제트기가 날아가듯 빨리 하여서 세 시간이나 네 시간 만에 끝내는 사람도 있습니다. 그러나 농산행을 할 때는 이렇게 아주 시간을 많이 들여 천천히 절을 하되 부처님께서 직접 나타나서 계를 주기 전에는 그칠 수가 없습니다. 삼천 배를 마치고 나서는 또 쉬는 것이 아니라, 가사 장삼도 벗지 못하며 앉고 눕지도 못하고, 변소 갈 때 이외에는 언제나 장좌長坐, 곧 그대로 앉아 지내며 누워서 자지도 못합니다.

2년이든 3년이든 부처님이 나타나서 계를 줄 때까지는 그치지 않고 삼천배를 하면서 온 정성을 다 바쳐 기도하며 고행을 해야 하는 것입니다. 사람에 따라서는 몇 달 만에 부처님이 나타나는 수도 있고, 어떤 사람은 3년이 걸리기도 합니다. 1,200년의 세월이 흐르는 동안, 농산에 들어가서 부처님의 서상을 못 본 채 12년 동안 농산한 사람은 한 사람도 없었습니다. 모두 다 부처님으로부터 직접 계를 받을 수 있었습니다. 몇 해 전에도 12년 동안 농산을 하여 성취한 사람에 대한 기사가 신문에 났습니다. 그는 지극하고 지극한 정성으로 기도를 드리니 부처님이 나타나서 계를 설하더라고 했습니다.

농산행을 할 때는 그 먼저 농산행을 한 사람이 스승이 됩니다. 그것은 실제 부처님에게서 계를 받았는지 확인하기 위해서인데, 자신들이 직접 체험했으니 다른 사람은 그들에게 거짓말을 할 수가 없는 것입니다. 이런 방법으로 1,200년 동안 농산행을 계속하여 이어 내려왔으니, 농산행을 하는 사람은 누구나 부처님을 친견하고 부처님에게서 직접 계를 받는 것입니다. 이 사실은 한두 사람이 개인적으로 아는 것이 아니고 일본의 모든 불교 단체와 불교도가 다 아는 일입니다.

이 사실만으로도 부처님이 돌아가셨으니 그만이라고 할 수는 없습니다. 자신이 못 본다고 그러한 사실이 없다고는 할 수 없는 것입니다. 마치 눈감은 봉사가, 누군가가 "해가 참 밝고 좋다."고 하는 소리를 듣고 자신의 눈앞이 캄캄하다고 해서 그를 미친놈이라고 욕할 수 없는 것과 같습니다. 누구나 진리의 눈을 뜨면 모든 것을 다 볼 수 있습니다.

천태지자天台智者 선사가 혜사스님을 찾아가서 공부를 하고 바로 깨쳤습니다. 그러고 나서 영산회상이 엄연부산儼然不散함을 자기 눈으로 보았습니다. 이 말은 곧 영축산에서 부처님이 상주하여 수많은 대중을 거느리고 법을 설하는 것을 보았다는 말입니다.

부처님이 돌아가신 지 수천 년인데 지금도 영축산에서 법문을 설한다는 말은 도저히 믿기 어려울 것입니다. 그러나 부처님이 세상에 나느니 죽느니 하는 것은 꿈속에 사는 눈먼 중생들이 하는 말이요,

참으로 꿈을 깨어 눈이 뜨이게 되고 귀가 열리면 부처님이 항상 계시면서 법을 설함을 보고 들을 것입니다. 부처님은 천백억의 몸으로 나투어 시방세계十方世界에 다니시며 중생을 구하십니다. 그래서 설사 꿈을 깨지 못한 사람이라도 지극한 정성으로 부처님을 보려 하면 누구든지 다 볼 수 있는 것이니, 보지 못하는 것은 다만 그 사람의 정성이 부족한 탓입니다. 우주 전체의 중생들이 정성만 지극하면 한날 한시에 다 같이 볼 수 있습니다. 그러므로 부처님께 정성을 들여 병을 고친 사람, 큰 액난을 면한 사람, 죽을 것을 살아난 사람 등 그 밖의 여러 가지 기적이 수없이 많지 않습니까?

부처님께서 항상 하시는 말씀이 있습니다.

> 모든 신통력 갖추고
> 널리 지혜 방편 닦아
> 시방 모든 국토에
> 어느 곳에든 현신 않는 곳 없다.
> 具足神通力
> 廣修智方便
> 十方諸國土
> 無刹不現身

달이 뜨면 천 개, 만 개 강에 달 비치듯이[千江有水 千江月], 부처님은 시방세계 어느 곳 어느 나라 할 것 없이 현신하지 않는 곳이 없습니다. 만약 부처님이 아주 돌아가 없어졌으면 모든 기적들은 절대로 있을 수 없을 것입니다. 그러나 현재에도 많은 사람들이 부처님께 정성을 들여 그 정성의 정도에 따라 가피를 입고 있지 않습니까? 이런 것들은 모두 꿈속의 중생들이 대하는 부처님이어서 잠깐 동안입니다. 그러나 꿈을 깨어 법法의 눈을 밝게 뜨면 부처님을 항상 안 보려야 안 볼 수 없는 것이니 부지런히 공부해서 속히 마음의 눈을 뜰 것입니다.

흔히 염기염멸念起念滅하는 것, 곧 생각이 일어났다가 생각이 없어지는 것을 생사生死라고 합니다. 끊임없이 생각이 일어났다가 없어졌다 하는데, 이러한 생멸하는 생각이 완전히 없어지는 것을 해탈이라고 합니다. 염기염멸하는 그 생각이 없으면 생사도 없습니다. 이것이 철저하여, 제8아라야식의 근본무명, 무시무명無始無明까지 모두 끊어지면 미래겁이 다하도록 자유자재할 수 있는 것입니다. 그렇게 되면 완전한 해탈을 얻을 수 있습니다.

불교를 참으로 잘 믿으려면, 불교의 근본 목표가 어디에 있는지 알고 믿어야 합니다. 눈먼 망아지가 요령소리만 듣고 따라가다가는 똥구덩이에 빠지고 흙구덩이에 처박히고 덫에도 걸리고, 심지어는 죽기까지도 하는 것입니다. 불교의 근본 목표는 생사해탈에 있습니다. 해탈이란 일시적인 자유가 아니라 영원한 자유입니다. 영원한 자유라 함은 생전사후生前死後를 통해서 또 과거, 현재, 미래의 삼세를 통해서 영원히 자유로운 것입니다. 그것은 지금까지의 보기에서도 보았듯이 엄연한 사실입니다. 결코 전설이나 신화가 아닙니다. 실제로 영원한 자유가 없다면 굳이 부처님을 믿고 신앙생활을 할 필요가 없을 것입니다. 욕심대로 살다가 죽으면 그만이라면 아무도 고생하면서 수행하지 않을 것입니다.

그러나 영원한 자유, 영원한 해탈이 있기 때문에 모든 것을 희생하고 고행의 문턱에 들어서는 것입니다. 천자天子보다 더 높은 이라도 죽고 나면 아무 소용이 없습니다. 그렇기 때문에 죽어도 그만이 아닌 영원한 자유를 구하기 위해 천자도 내버리고 참 진리에 도달하려고 하는 것입니다.

제5편
영원한 자유인

1. 선로宣老스님
2. 원관圓觀스님
3. 불도징佛圖澄스님
4. 지자智者스님
5. 은봉隱峰스님
6. 혜숙惠宿스님
7. 혜공惠空스님
8. 법연法演스님
9. 달마스님
10. 승가僧伽스님
11. 보화普化스님
12. 왕가王嘉
13. 동빈거사洞賓居士
14. 유안劉晏
15. 법수法秀
16. 포대화상布袋和尙
17. 배도杯渡스님
18. 지공誌公스님
19. 사명대사

"스님, 어디로 가십니까?"
"이제 너희 나라와는 인연이 다하여 본국으로 간다. 그런데 네가 인도로 떠날 때의 임금은 죽었어. 가보면 새 임금이 계실 테니 안부나 전하게."

송운이 돌아와 보니 과연 먼저 임금은 죽고 새 임금이 천자가 되어 있었습니다.
… 모두들 이상하게 생각하여 달마스님의 묘를 파 보기로 했습니다. 무덤을 파 보니 빈 관만 남아 있고 관 속에는 신 한 짝만 놓여 있었습니다.

영원한 자유인

1. 선로宣老스님

송宋나라 때, 시인이며 대문장가로 이름을 날린 곽공보郭功甫라는 사람이 있었습니다. 그는 역사적으로도 유명한 인물입니다. 이 사람을 잉태할 때 그의 어머니가 이태백의 꿈을 꾸었다고 해서 세상 사람들은 모두 그를 이태백의 후신後身이라고 했는데, 뛰어난 천재였다고 합니다.

곽공보의 불교스승은 귀종선歸宗宣 선사인데 임제종의 스님이었습니다. 어느 날 귀종선 선사가 곽공보에게 편지를 보내기를, 앞으로 6년 동안 곽공보의 집에 와서 지냈으면 한다는 것이었습니다. 곽공보는 스님께서 연세가 많긴 하지만 어째서 자기의 집에서 6년을 지내려 하시는지 알 수 없어 이상하게 생각하였습니다. 그 날 밤이었습니다. 안방에서 잠을 자다가, 문득 부인이 큰 소리로 "아이쿠, 여기는 스님께서 들어오실 곳이 아닙니다." 하고 소리치는 바람에 깨어났습니다. 부인이 꿈에 큰스님께서 자기들이 자고 있는 방에 들어왔다고 하는 말을 듣고 곽공보는 낮에 온 편지 생각이 나서 불을 켜고 부인에게 그 편지를 보여주었습니다.

 이튿날 새벽, 사람을 절로 보내 알아보니 어젯밤에 스님께서 가만히 앉아 돌아가셨다고 했습니다. 편지 내용과 꼭 맞았던 것입니다. 그러고 나서 곽공보의 부인이 사내아이를 낳았습니다. 편지를 보낸 것이나 꿈 등으로 미루어볼 때 귀종선 선사가 곽공보의 집에 온 것이 분명했습니다. 그래서 이름을 달리 지을 수가 없어, 귀종선 선사의 '선宣'자를 따고, 늙을 '노老'를 넣어 '선로宣老'라고 했습니다.

 생후 일 년쯤 되어 아이가 말을 하기 시작하면서부터 누구를 보든 '너'라고 하며 제자 취급을 하였습니다. 그리고 법문을 하는데 스님의 생전과 조금도 다름이 없었습니다. 그러니 아무도 어린애 취급을 할 수가 없어 모두 다 큰스님으로 대접하고 큰절을 올렸습니다. 아이의 엄마, 아버지도 큰절을 하였습니다. 이것이 사방으로 소문이 났습니다.

 당시 임제종의 정맥正脈을 이은 유명한 백운단白雲端 선사가 이 소문을 듣고 찾아왔습니다. 선로의 부모가 세 살 되는 어린애를 안고 마중을 나갔더니 이 아이가 선사를 보고 "아하, 조카 오네."라고 하는 것이었습니다. 전생의 항렬로 치면 백운단 선사가 귀종선 선사의 조카 상좌가 되기 때문입니다. 이렇게 되니 "사숙님!" 하고 어린아이에게 절을 안 할 수 없었습니다. 백운단 선사 같은 큰스님이 넙죽 절을 하였던 것입니다. 백운단 선사가 "우리가 이별한 지 몇 해나 됐는가?" 하고 물으니, 아이는 "4년 되지. 이 집에서 3년이요, 이 집에 오기 1년 전에 백련장에서 서로 만나 이야기하지 않았던가."라고 대답하는 것이었습니다.

이렇듯 조금도 틀림없는 사실을 말하자 백운단 선사는 아주 깊은 법담法談을 걸어 보았습니다. 법담을 거니 병에 담긴 물이 쏟아지듯 막힘이 없이 척척 받아넘기는데, 생전과 조금도 다름이 없었습니다. 그 법담은 장황하여 이야기를 다 못하지만 『전등록傳燈錄』 같은 불교 선종 역사책에 자세히 나옵니다. 이것이 유명한 귀종선 선사의 전생담입니다.

그 후 6년이 지나자 식구들을 모두 불러 놓고는 "본래 네 집에 6년만 있으려 하였으니 이제 난 간다."고 하고는 가만히 앉아 입적했습니다. 이처럼 자유자재하게 몸을 바꾸는 것을 격생불망隔生不忘이라고 합니다. 아무리 전생, 후생으로 생을 바꾸어도 절대로 전생의 일을 잊어버리지 않는다는 것입니다.

2. 원관圓觀스님

중국의 역사책인 『당서唐書』에 나오는 것으로, '이원방원관李源訪圓觀'이라 하여 이원이라는 사람이 원관이라는 스님을 찾아간 이야기가 있습니다.

당나라 안록산의 난리(755~763) 때 당 명황唐明皇의 신하 중에 이증李澄이라는 사람이 있었는데, 이원은 그의 아들입니다. 이증은 당명황이 안록산의 난리로 촉나라 성도로 도망갈 때 서울인 장안長安을 지키라는 왕명을 받고 안록산과 싸우다 순국했습니다. 뒤에 국란이 평정되고 환도한 후 나라에서 그 아들인 이원에게 벼슬을 주려 했으나 그는 도를 닦겠다고 하며 거절하고는 자기의 큰 집을 절로 만들고 혜림사蕙林寺라 했습니다.

그런데 그곳에 원관이라는 스님이 와서 살게 되었습니다. 『고승전高僧傳』이나 『신승전神僧傳』에는 '원관'으로 기록되어 있고, 다른 곳에서는 더러 '원택圓澤'이라고 기록되기도 했습니다. 보통 흔히 볼 수 있는 스님으로 마음 씀씀이가 퍽 좋았습니다.

한번은 원관스님과 이원 두 사람이 아미산峨眉山의 천축사 구경을 갔습니다. 구경하는 도중에 어느 지방의 길가에서 한 여인을 보고 원관스님이 "내가 저 여자의 아들이 될 것입니다. 태어난 지 사흘 후에 찾아오면 당신을 보고 웃을 테니 그러면 내가 확실한 줄 아시오. 그리고 열두 해가 지난 뒤 천축사天竺寺로 찾아오시오."라고 말하는 것이었습니다. 아미산으로 가다가 이렇게 말하고 그는 길가에 앉아 죽어 버렸습니다. 원관스님의 이야기가 너무 이상해서 이원이 스님의 말대로 수소문해서 여인의 집을 찾아가 보니 사흘 전에 아이를 낳았다는 것이었습니다. 이원이 아이를 보자 그 아이는 이원을 보고 웃는 것이었습니다. 이원이 이로써 그 아이가 원관스님의 환생인 줄 확실히 알고 혼자 집으로 돌아오니, 집안 사람들이 스님께서 가시면서 이번에 가면 안 온다고 말씀하시고, 어느 곳의 누구 집에 태어날 것이라고 모두 말씀하셨다고 했습니다.

그리고 12년이 지난 뒤 팔월 추석날 이원은 전당錢塘 천축사로 찾아갔습니다. 갈홍천葛洪川이라는 개울이 있는 곳에 이르자 달이 환히 밝은데 저쪽을 보니 웬 조그만 아이가 소를 타고 노래를 하며 오고 있었습니다. 그리고는 가까이 다가오더니 "이 선생님은 참으로 신용 있는 사람이오. 그러나 가까이는 오지 마시오."라고 말하는 것이었습니다. 약속을 어기지 않고 찾아왔으니 신용 있는 사람이라고 하면서도, 세속 욕심이 꽉 차 마음이 탁하니 가까이 오면 안 된다는 것이었습니다. 이원이 바로 쳐다보지도 못하고 멈칫멈칫하며 서 있는데 아이는 저만큼 떨어져 소를 타고 돌아가면서 노래를 하는 것이었습니다.

> 삼생돌 위 옛 주인이여
> 달구경 풍월함은 말하지 마라.
> 부끄럽다 정든 사람이 먼 곳에서 찾아오니
> 이 몸은 비록 다르나 자성은 항상 같다.
> 전생 내생 일이 아득하여 알 수 없는데
> 인연을 말하고자 하니 창자가 끊어질 것 같다.
> 오나라 월나라 산천은 이미 다 보고
> 도리어 배를 돌려 구당으로 간다.
> 三生石上舊情魂
> 賞月吟風莫要論
> 慙愧情人遠相訪
> 此身雖異性長存
> 身前身後事茫茫
> 欲話因緣恐斷腸
> 吳越山川尋已遍
> 却廻煙掉上瞿塘

이렇게 노래를 부르며 가는 것을 보고 이원은 그제서야 그 스님이 도를 통한 큰스님인 줄 알고, 더 가까이하여 법문을 듣고 공부하지 못한 것을 후회하며 돌아가서 열심히 수행했습니다. 뒤에 나라에서 이원에게 간이대부라는 높은 벼슬을 주었으나 이원은 이를 거절하고 팔십여 세까지 살았습니다.
　이것이 '이원방원관' 이야기의 내용으로, 이 이야기도 영겁불망에 해당하는 것입니다. 전생의 일을 조금도 잊어버리지 않고 그대로 기억하고 있으며 자유자재한 것입니다.
　노래 가운데 '삼생돌 위에 옛 주인'이란 누구를 가리키느냐 하면 천태지의天台智顗 선사의 스승인 혜사慧思스님을 말합니다. 혜사스님(515~577)은 만년에 대소산大蘇山에서 남악 형산南嶽衡山으로 처소를 옮기고 형산의 천주봉天柱峰 봉우리 밑에 있는 복암사福岩寺라는 절에 주석住錫하시면서 제자들을 가르치고 있었습니다.
　한번은 "내가 전생에도 이 복암사에서 대중을 교육시켰는데 그 전생 일이 그리워서 이곳으로 왔다."고 말씀하셨습니다. 그러면서 대중을 거느리고 나가더니 아주 경치가 뛰어난 한곳에 이르러 "이곳이 옛날 절터야. 지금은 오래되어 아무 자취도 없지만, 내가 전생에 토굴을 짓고 공부하던 곳이야. 근처를 파 보자."고 하는 것이었습니다. 시키는 대로 그 주변을 파 보니 과연 기왓장과 각종 기물이 나왔습니다. 또 큰 바위가 있는 곳에 이르러 "이곳은 내가 앉아서 공부하던 곳이야. 죽어 이 바위 밑으로 떨어져 시체가 그대로 땅에 묻혔지."라고 말씀하셨습니다. 또 땅을 파 보니 해골이 나왔습니다. 이것이 혜사스님의 삼생담三生談입니다. 금생에는 복암사, 전생에는 토굴터, 그 전생은 바위 위이므로 삼생석인 것입니다.

혜사스님은 그 도력이나 신통이 자재한 유명한 스님으로, 그런 분이 분명히 증거를 들어 확인한 것이니 거짓이라고 할 수는 없습니다. 그래서 삼생의 해골이 나온 그 자리에 삼생탑을 세웠습니다. 이것이 유명한 남악 혜사스님의 삼생탑三生塔으로, 유명한 명소가 되어 많은 사람들이 찾아가는 곳이 되었습니다.

앞에서 원관스님이 말한 삼생석 위의 옛 주인이란 바로 혜사스님을 가리킨 것입니다. 곧 혜사스님이 돌아가셨다가 나중에 당나라에 태어나서 원관이라는 스님으로 숨어 살았던 것입니다. 다른 사람이 보면 모든 생활이 범승凡僧과 같았지만 실제 생활은 자유자재한 것이었습니다. 그에게는 대자유가 있었던 것입니다.

3. 불도징佛圖澄스님

신승神僧 불도징佛圖澄은 인도 사람입니다. 도道를 통한 후 중국으로 와서 많은 사람들을 교화시켰는데, 그 가운데서 후조後趙의 황제 석호石虎가 제일 신봉하며 지도를 받았습니다. 불도징 스님이 349년 12월 8일에 석호에게 하직하고 입적하니 석호가 통곡하며 크게 장사지냈습니다. 그 후 얼마 있지 않아서 옹주雍州에서 스님들이 왔는데 '불도징 대사를 보았다'고 하기에 탑을 헐고 보니 정말 아무것도 없고 큰 돌덩이 하나뿐이었습니다.

석호가 그것을 보고 탄식하여 말했습니다.

"돌石은 나의 성인데 큰스님이 나를 묻고 갔으니 나도 또한 오래 살지 못하리라."

그 뒤에 과연 황제 석호가 죽고 그 나라까지 망하였습니다.

4. 지자智者스님

수나라의 양제煬帝 대업大業 원년元年(605) 11월 24일, 천태산 지자대사智者大師 제삿날에, 양제가 그 신하 노정방盧正方을 보내어 천승재千僧齋를 올렸습니다. 사람 수를 엄밀히 조사하여 정돈하였는데 나중에 보시를 돌릴 때 보니 한 사람이 더 있었습니다. 어떤 사람이 더 있는지는 모르나 확실히 한 사람이 더 있는 것을 다들 말하였습니다.

"지자대사가 몸을 변하여 재齋에 참여한 것이다."

모두들 가서 지자탑의 문을 열고 보니 과연 빈 탑이었습니다. 그런데 그 이튿날 다시 보니 지자대사의 육신은 여전히 탑 속에 앉아 있었습니다.

5. 은봉隱峰스님

당나라의 헌종憲宗 원화元和 12년(817년) 은봉隱峰선사가 채주蔡州

를 지나가는데, 그때 오吳의 원제元濟가 난리를 일으켜 관군과 채주에서 크게 싸우고 있었습니다. 은봉선사가 그것을 가련하게 여겨서 육환장을 타고 몸을 공중에 날리니 양군이 보고 감복하여 싸움을 그쳤으며, 얼마 있지 않아서 오의 원제가 항복하였습니다. 은봉선사는 이러한 신통을 부린 것이 부끄러워 오대산으로 가서 금강굴金剛窟 앞에 거꾸로 서서 죽으니 옷자락까지 전부 몸을 따라 거꾸로 드리워져 있었습니다. 화장을 하려고 몸을 밀어도 쓰러지지 아니하여 모두들 더욱 탄복하였습니다. 선사의 여동생으로 출가하여 공부하는 비구니가 있었는데 그 소문을 듣고 달려와서는 스님을 보고 꾸짖어 말하였습니다.

"몸이 생전에 돌아다니며 기이한 행동으로 사람을 속이더니 죽어서도 또한 사람들을 미혹하게 한다."

이렇게 소리 지르며 손으로 미니 마침내 죽은 몸이 쓰러졌습니다.

6. 혜숙惠宿스님

혜숙惠宿은 신라新羅 진평왕眞平王(597~631) 때 스님으로 적선촌赤善村에 이십여 년 동안 숨어 살았습니다. 그때 국선國仙인 구담瞿曇이 그 근처에 가서 사냥을 하니, 혜숙도 같이 놀기를 청하여 구담과 함께 사냥을 하였는데, 많은 짐승을 잡아 삶아서 잔치를 하였습니다.

혜숙은 고기를 잘 먹다가 구담에게 문득 물었습니다.

"더 좋은 고기가 있는데 드시렵니까?"

그 말에 구담이 좋다고 하자, 혜숙이 한 옆에 가서 자기의 허벅지 살을 베어다 구담 앞에 놓는 것이었습니다. 구담이 깜짝 놀라니 혜숙이 꾸짖었습니다.

"내 본래 그대를 어진 사람으로 알았는데 이렇듯 살생함을 좋아하니 어찌 어진 군자의 소행이라 할 수 있겠소?"

말을 마치고 가버린 뒤에 그가 먹던 쟁반을 보니 담았던 고기가 그대로 있었습니다.

구담은 이 일을 매우 이상히 여겨 진평왕에게 말하였습니다. 그리하여 왕이 사신을 보내어 그를 청하고자 하였습니다. 사신이 가보니 혜숙은 술집에서 술이 많이 취하여 여자를 안고 자고 있었습니다. 그것을 본 사신이 나쁜 놈이라고 만나지 않고 궁중으로 되돌아가는데 얼마 안 가서 또 혜숙을 만났습니다. 혜숙의 말이 "신도 집에 가서 7일재七日齋를 지내고 온다."는 것이었습니다. 사신이 놀라 왕에게 가서 전후사를 말하여 왕이 신도 집과 술집을 자세히 조사하여 보니 다 사실이었습니다.

수년 후 혜숙이 죽으니 마을 사람이 이현耳峴 동쪽에 장사를 지냈습니다. 장사 지내는 바로 그 날 마침 이현 서쪽에서 오는 사람이 있었는데 길가에서 혜숙을 만나게 되어 "어디로 가십니까?" 하고 물으니, "이곳에 오래 살았으니 딴 곳으로 간다."고 하였습니다.

그렇게 인사하고 헤어진 후 조금 있다가 돌아보니 혜숙이 공중에서 구름 타고 가는 것이 뚜렷이 보였습니다. 그는 크게 놀랐습니다. 그래서 걸음을 재촉하여 급히 이현의 동쪽에 와서 보니 장사 지낸 사람들이 아직 남아 있었습니다. 그 사람들이 자기가 본 것을 이야기하는 것을 듣고 묘를 파헤쳐 보니 묘 속에는 과연 아무것도 없고 헌신 한 짝뿐이었습니다.

7. 혜공惠空스님

혜공惠空은 신라新羅 선덕여왕善德女王(632~646) 때 사람인 천진공天眞公의 집 종의 아들로서, 아명兒名은 우조憂助였습니다. 그는 어릴 때부터 남이 생각만 하고 말은 하지 않아도 그것을 다 알아맞히는 등의 신기한 일이 많았습니다. 그래서 천진공은 그에게 예배하며 "지극한 성인이 내 집에 계신다."고 크게 존경하였습니다.

그가 자라서 스님이 되어서는 항상 술을 많이 먹고 거리에서 노래부르고 춤추며 미친 사람같이 돌아다녔습니다. 또 번번이 깊은 우물 속에 들어가서 여러 달 동안 나오지 않곤 하였습니다. 만년에는 항사사恒沙寺에 있었는데, 그때에 원효元曉대사가 경전의 주해註解를 지으며 어렵고 의심이 나는 것은 혜공에게 물었습니다.

하루는 원효와 같이 강에 가서 고기를 잡아먹고 똥을 누는 데 산고기가 그대로 나왔습니다. 그러자 혜공이 원효를 보고 희롱하여 말하기를, "너는 똥을 누고 나는 고기를 눈다[汝屎吾魚]."라고 하니, 그 뒤로 절 이름을 오어사吾魚寺로 고쳐 불렀다고 합니다.

하루는 구담 공瞿昙公이 많은 사람들과 산에 놀러갔다가 길에 혜공스님이 죽어서 그 시체가 썩어 있는 것을 보고 크게 슬퍼하였습니다. 그런데 성중城中에 돌아와 보니 혜공스님은 여전히 술에 취해서 노래부르고 춤추며 돌아다니고 있는 것이었습니다.

또 이런 일도 있었습니다. 그 무렵 진언밀종眞言密宗의 고승 명랑明朗이 금강사金剛寺를 새로 짓고 낙성을 하는데, 당대의 유명한 승려가 다 왔으나 오직 혜공스님만이 오지 않았습니다. 그래서 명랑이 향을 꽂고 마음으로 청하자, 혜공스님이 그것을 알고 "그렇게 간절히 청하므로 할 수 없이 온다." 하며 그곳에 왔습니다. 그때에 비가 몹시 왔으나 옷이 조금도 젖지 않았을 뿐더러 발에 흙도 묻지 않았습니다.

혜공스님은 승조僧肇법사가 지은 『조론肇論』을 보고 자기가 전생에 지은 것이라고 하였습니다. 그 말은 자신이 전생에 승조법사였다는 말입니다. 승조법사도 깨달음을 얻어 자유자재한 분이었습니다. 혜공스님이 배운 바 없어도 이처럼 원효스님이 모르는 것을 물어볼 정도이며 또 신통이 자재하여 분신까지 하는 것을 보면, 스님의 말을 거짓말이라 하여 믿지 못할 까닭이 없는 것입니다.

혜공스님은 죽을 때에 공중에 높이 떠서 죽었는데, 나중에 화장을 하니 사리舍利가 수없이 많이 나왔습니다.

8. 법연法演스님

임제종의 중흥조라고 하는 오조법연五祖法演 선사는 오조산五祖山에 살았다고 해서 오조법연 선사라고 불렸습니다. 이 스님 밑에 불감佛鑑, 불안佛眼, 불과佛果의 세 분 스님이 있었는데, 이 분들을 삼

불三佛이라고 하였습니다. 이 세 분 스님의 자손이 천하에 널리 퍼져 그 뒤로 불교는 선종 일색이 되었고, 또 선은 오조법연 선사의 법손 일색이 되었습니다.

그 오조 법연스님이 오조산에 처음 들어가면서 오조홍인五祖弘忍 선사가 탑인 조탑祖塔에 예배를 하였습니다. 오조홍인 선사가 돌아가신 지 이미 오륙백 년이 지났지만 육신이 그대로 탑에 모셔져 보존되어 있었던 것입니다. 조탑에 예배를 드리면서 오조법연 선사가 이렇게 법문을 하였습니다.

> 옛날 이렇게 온몸으로 갔다가
> 오늘에 다시 오니 기억하는가.
> 무엇으로 증거 삼는고
> 이로써 증거 삼노라.
> 昔日與麼全身去
> 今日重來得否
> 以何爲驗
> 以此爲驗

이것은 오조홍인 선사를 보고 하는 말입니다. 곧 그전의 오조홍인 선사가 돌아가셨다가 다시 오조법연 선사가 되어 돌아왔는데 알겠느냐는 말입니다. 그리고 스스로 다시 돌아왔다고 하는 이것이 증거가 된다는 것입니다.

오조홍인 선사는 사조 도신道信 선사의 제자입니다. 도신선사는 나이가 많도록 제자가 없었습니다. 그런데 그 이웃에 산에 소나무를 많이 심은 사람[栽松道者]이 있었는데, 나이 많은 노인이었습니다. 하루는 그 노인이 도신선사에게 와서 "스님께서 연세가 많은데 법法제자가 없으니 제가 스님의 제자가 되면 어떻겠습니까?" 하고 물었습니다. 그래서 도신선사가 "당신도 나이가 많아 나와 같이 죽을 터인데 제자가 되어도 마찬가지 아닌가." 하고 대답했더니, 그 노인은 "그럼 몸을 바꾸어 오면 어떻겠습니까?" 하고는 사라졌습니다.

그 노인이 산밑에 있는 마을의 주周씨 집의 아들로 태어나 사조 도신선사를 찾아와서 그의 제자가 되었으니, 그가 바로 오조홍인 선사입니다. 이렇게 보면 오조홍인 선사는 재송도자栽松道者의 후신이고, 오조법연 선사는 오조홍인 선사의 후신인 것입니다. 이 삼대三代, 곧 재송도자에서 오조홍인 선사로 이어지는 삼대의 전생은 모두 밝혀져 있습니다. 이것은 바로 영겁불망하는 열반묘심을 성취한 증거인 것입니다.

열반묘심을 성취하면 정신적으로만 어떤 작용이 있다고 생각하지만, 그러나 육체적으로도 뛰어난 작용이 있어 분신도 하고 또 부사의不思議한 행동을 합니다. 이것을 불교에서는 '성상불이性相不二'라 하여 성과 상이 둘이 아니라고 합니다. 또 '심신일여心身一如'라고 하여 몸과 마음이 하나라고 합니다. 그러므로 정신적으로 열반묘심을 성취하면 육체적으로도 그만큼 자유자재한 활동이 자연히 생기게 되는 것입니다. 그래서 심신일여가 안 되려야 안 될 수 없습니다.

누구든지 영원한 생명 속에 들어 있는 무한한 능력을 개발하면, 물질적인 것에 자유자재한 색자재色自在를 얻을 수 있고, 심리적인 것에 자유자재한 심자재心自在를 얻을 수 있으며, 또 모든 법에 대한 자유인 법자재法自在를 얻을 수 있습니다. 이 세 가지 모두에 대해 자재를 얻게 되면 여래가 되는 것입니다. 그렇게 되면 영원한 진여위에서 자유자재하게 분신分身도 하고 화신化身도 하여 중생을 제도하는 것입니다.

이와 같은 자유자재, 영겁불망의 크고 작은 마음은 누구든 열심히 수도하여 자기 자성自性을 확철히 깨침으로써 성취하게 됩니다. 이런 마음을 성취하면 자기 해탈, 곧 색자재·심자재·법자재는 자연히 따라오게 마련인데, 이것이 불교의 근본 목표이며 또 부사의 해탈경계不思議 解脫境界라고 하는 것입니다.

9. 달마스님

달마스님을 보기로 들어 보겠습니다. 불교인이라면 거의 알고 있는 달마스님의 이야기 가운데 '척리서귀隻履西歸'라는 것이 있습니다. 신짝 하나를 들고 서천西天 곧 인도로 가버렸다는 이야기입니다.

달마스님이 혜가慧可스님에게 법을 전하고 앉은 채로 열반에 드시자 웅이산熊耳山에다 장사를 지냈습니다. 그 뒤 몇 해가 지나 송운宋雲이라는 사람이 인도에 가서 많은 경經을 수집하고 귀국하는 길에 총령葱嶺(파밀고원)에서 쉬고 있었습니다. 그때 마침 어떤 스님 한 분이 신짝 하나를 메고 고개를 올라왔습니다. 가까이 왔을 때 자세히 보니 그 분은 달마스님이었습니다. 그래서 그는 "스님, 어디로 가십니까?" 하고 물었습니다. 스님께서는 "이제 너희 나라와는 인연이 다하여 본국으로 간다. 그런데 네가 인도로 떠날 때의 임금(효명제孝明帝:516~528)은 죽었어. 가보면 새 임금이 계실 테니 안부나 전하게."라고 말하고는 고개를 넘어가셨습니다.

송운이 돌아와 보니 과연 먼저 임금은 죽고 새 임금(동위東魏의 효정제孝靜帝)이 천자가 되어 있었습니다. 그래서 중도에서 달마스님을 만난 이야기를 하였습니다. 그랬더니 달마스님은 돌아가신 지가 여러 해가 지났다고 했습니다. 송운은 너무 놀라 자기 혼자만 본 것이 아니라 수십 명이 함께 달마스님을 보았으니 절대 거짓이 아니라고 말했습니다. 모두들 이상하게 생각하여 달마스님의 묘를 파 보기로 했습니다. 무덤을 파 보니 빈 관만 남아 있고 관 속에는 신 한 짝만 놓여 있었습니다.

달마스님의 '척리서귀'라는 말은 선종에서는 누구도 의심하지 않는 사실입니다. 이 이야기는 사후死後에도 이처럼 대자유가 있음을 알려줍니다.

이에 대한 조주스님의 법문이 있습니다.

> 조주 남쪽 석교 북쪽
> 관음원 속에 미륵이 있도다.
> 조사가 신 한짝 남겨 두었으나
> 지금에까지 찾지 못하도다.
> 趙州南石橋北
> 觀音院裏有彌勒

祖師遺下一隻履

　　直至如今覓不得

'조주스님' 하면 천하만고에 다 아는 대조사로서, 달마스님과 연대가 그리 떨어지지 않은 때에 사셨습니다. 그런 조주스님이 달마스님이 신 한 짝 버리고 간 것에 대해서 이렇게 읊었습니다. 이 게송 하나만 보아도, 달마스님이 신 한 짝만 들고 간 것이 틀림없는 사실임을 알 수 있습니다.

해탈이라고 하는 것은 그저 그런 것이 아니며 반드시 대자유가 따릅니다. 보통 상식으로는 생각할 수 없는 그런 신비한 어떤 경계가 나타나는 것입니다. 보기를 더 들어 보겠습니다.

10. 승가僧伽스님

서기 708년 당나라의 중종中宗 황제가 승가僧伽대사를 국사國師로 모셨습니다. 대사의 속성은 하何 씨인데, 어느 때는 몸을 크게도 나투고 어느 때는 작게도 나투고 또는 십일면 관세음보살十一面觀世音菩薩의 얼굴로도 나투고 하여 그 기이한 행동이 세상 사람들을 놀라게 하였습니다.

스님께서 710년 3월 2일에 돌아가시자 중종이 장안 근처의 절에다 그 육신을 모셔두려고 하였습니다. 그러자 갑자기 큰 바람이 일며 시체 썩는 냄새가 온 도성 안을 덮어서 사람들이 코를 들 수가 없

었습니다. 중종이 이상하게 생각하여 신하들에게 그 연유를 물으니,
　"대사가 본래 사주泗洲 보광왕사普光王寺에 많이 계셨는데 죽은 육신도 그리로 가고 싶은 모양입니다."
라고 신하들이 황제께 아뢰었습니다.
　그래서 중종은 향을 피우고 마음으로 축원하기를,
　"대사의 육신을 보광왕사로 모시겠습니다."
하자, 잠깐 사이에 온 장안에 향기가 진동하였습니다.
　그 해 오월 보광왕사에다 탑을 세우고 대사의 육신을 모시니, 뒤로 탑 위에 자주 나타나서 일반 사람들에게 보였습니다. 그리하여 사람들이 그 탑에 와서 소원성취를 빌게 되었고 그럴 때마다 가서 탑 위에 모습을 나타내곤 하였는데, 그 얼굴이 웃음을 띠고 자비로우면 소원성취하고 찡그리면 소원성취하지 못하는 등 신기한 일이 많아서 세상에서 부르기를 사주대성泗洲大聖이라 하였습니다.
　또 779년 7월에는 궁중에 나타나서 그때에 천자로 있던 대종代宗에게 법문을 하였습니다. 이 일로 대종이 크게 감격하여 대사의 화상畵像을 그려 궁중에 모셔 놓고 항상 예배하였습니다.
　822년에는 큰 화재가 나서 대사의 탑이 다 타 버렸습니다. 그러나 대사의 육신은 조금도 상함이 없고 그대로 앉아 있었습니다.
　869년, 나라 안에 큰 난리가 났을 때에, 도적들이 사주泗洲로 쳐들어오다가 대사가 탑 위에 몸을 나타내자 놀라서 다 물러갔습니다. 당시 의종懿宗 황제가 그 이야기를 듣고 증성대사證聖大師라는 호를 올렸습니다.
　1119년 당나라의 서울에 대홍수가 났을 때였습니다. 대사가 또 궁

중에 나타나므로 천자인 휘종徽宗 황제가 향을 꽂고 예배하였습니다. 그러자 대사가 육환장을 흔들며 성城 위로 올라가니, 성안의 온 백성들이 다 보고 기꺼워하는 가운데 큰물이 곧 빠져 버렸습니다.

이상은 역사적으로 유명한 사실을 몇 가지 보기를 든 것일 뿐으로, 그 밖에도 기이한 사적事蹟은 말할 수 없이 많습니다. 이렇듯이 승가대사가 사후에 보광왕사의 탑 위에 그 모습을 자주 나타낸 사실은 그 근방 사람들이 다 보게 됨으로써 천하가 잘 아는 사실이 되었습니다. 그리하여 사실이 확실하여 의심할 수 없는 것을 가리켜 '사주 사람들이 대성을 보듯 한다[泗洲人見大聖]'는 관용구까지 생겨나게 된 것은 세상이 다 잘 아는 바입니다.

11. 보화普化스님

보화普化스님은 반산보적盤山寶積 선사의 제자로 항상 미친 사람같이 거리를 돌아다니며 사람들을 교화하였습니다. 그 당시 그런 기행을 하는 스님을 이해하는 사람이 아무도 없었으나 오직 임제臨濟스님만이 심중을 알고 흉허물없이 잘 지냈습니다.

하루는 진주鎭州의 저자거리에 나와서 만나는 사람들을 붙잡고,

"나에게 장삼 한 벌을 해달라."

하며 졸랐습니다. 그래서 사람들이 보화스님에게 장삼을 지어 드렸습니다. 그러나 스님은

"이것은 내가 입을 옷이 아니다."

하며 받지를 않는 것이었습니다. 사람들이 더욱 이상히 여기며 미친 중이라고 수군댔습니다. 어느 날 임제스님이 그 소문을 듣고는 장삼 대신에 관棺을 하나 보내니, 보화스님이 웃으며

"임제가 내 마음을 안다."

하고는 그 관을 짊어지고는 사람들에게 말하기를,

"내일 동문 밖에서 떠나겠다."

고 하였습니다. 다음 날 동문 밖에는 사람들이 구름처럼 몰려들었는데 보화스님은 눈도 깜짝하지 않고

"오늘 여기서 죽지 않겠다. 내일 서문 밖에서 죽겠다."

고 하며 관을 메고 떠나 버리니 사람들이 웅성거리며 욕을 하고는 흩어졌습니다. 다음 날 서문 밖에 또 사람들이 몰려들었으나 보화스님은

"오늘 여기서 죽지 않고 내일 남문 밖에서 죽겠다."

고 하며 또 관을 메고 떠나 버리니 사람들의 원성이 자자하였습니다. 다음 날 남문 밖에는 적은 수의 사람들이 나와 있었는데, 보화스님은

"오늘 여기서 죽지 않고 내일 북문 밖에서 죽겠다."

고 하며 또 관을 메고 떠나 버리니, 비록 적은 수의 사람들이 모였지만 미친 중이 거짓말만 하여 사람을 속인다고 삿대질을 하며 분위기가 살벌하였습니다. 다음 날 북문 밖에는 과연 보화스님이 관을 메고 나타났으나 사람들은 아무도 없었습니다. 보화스님은 관 위에 묵묵히 앉아 있는데 마침 한 길손이 지나가므로 그에게 부탁하기를

"내가 이 관 안에 들어가 눕거든 관 뚜껑을 닫고 못질을 해달라."

고 하고는, 그 관 속에 들어가 누우며 관 뚜껑을 닫으므로 그 길손이 못질을 하고 떠나갔습니다. 길손이 성중에 들어가 그 이야기를 하니 진주성 사람들이 놀라며 북문 밖으로 보화스님이 계시는 곳으로 달려갔습니다. 가서 못질한 관 뚜껑을 열고 보니 그 속에 있어야 할 보화스님은 온데간데 없었습니다. 사람들이 어리둥절해 있는데 그때 마침 공중에서 은은히 요령 소리가 들려왔습니다. 사람들은 그 요령 소리가 나는 먼 하늘을 바라보며 수없이 절을 하며 보화스님의 법력을 알아보지 못한 데에 대해 통탄하였습니다.

이것이 유명한 보화스님이 보인 전신탈거全身脫去의 이적입니다. 이 사실은 선종 어록 가운데 가장 권위 있는 『임제록』에 상세히 기록되어 있습니다.

12. 왕가王嘉

왕가는 후진後秦 때 숨어사는 사람으로 유명한 도안道安스님과 친하였습니다. 도안스님이 돌아가실 때가 되어 왕가가 찾아가니 도안스님이 말하였습니다.

"나와 같이 가지 않으려는가?"

왕가가 대답하였습니다.

"나는 아직 빚이 좀 있어서 빚을 갚고 가겠습니다."

그 뒤에 요장姚萇이 장안長安을 빼앗을 때 왕가는 일부러 성안에 있었는데, 요장이 물었습니다.

"내가 곧 천하를 얻겠는가?"

"조금 얻겠다[略得]."

요장이 그 말을 듣고 왕가를 죽여 버렸으니 왕가가 말한 빚이란 바로 이를 말한 것이었습니다.

그 뒤에 요장의 아들 요흥姚興이 천하를 얻었는데 요흥의 자字가 자략子略이었습니다. 그러니 '조금 얻겠다[略得]'란 말은 자략子略이가 요장을 죽이고 천하를 얻는다는 말이었던 것입니다. 왕가가 죽던 날 어떤 사람이 농상壟上에서 왕가를 만나니, 왕가가 자기를 죽인 요장에게 편지를 보내자 요장은 그 편지를 받아보고 크게 놀라며 탄복하였다고 합니다.

13. 동빈거사洞賓居士

동빈거사洞賓居士 여순양呂純陽은 당나라의 현종玄宗 천보天寶(742~755) 때 하양河陽에서 났습니다. 그 무렵 신선도神仙道를 닦아 크게 유명해진 종리권鐘離權이 동빈을 보고 "세상의 영화榮華는 잠깐 동안이니 장생불사長生不死하는 신선도를 배우라."고 권하였습니다.

동빈은 그 말을 좇아 종리鐘離를 따라 공부 길을 떠났습니다. 한 곳을 지나다가 종리는 큰 금덩어리를 하나 주어 가지고 대단히 기뻐하며 말하였습니다.

"자네가 도道를 닦으러 가니 하늘이 그것을 알고 도道 닦는 밑천을 하라고 주는 것이니 이것을 팔아서 모든 비용에 쓰자."

그러면서 동빈에게 그 금덩어리를 주자, 동빈은 크게 성내며 금덩어리를 집어던지고 말하였습니다.

"내 들으니 도道하는 사람은 욕심이 없어야 한다는데 금덩어리 하나 보고 그렇게 좋아하는 놈이 무슨 도道 닦는 놈이냐? 너는 도인道人이 아니라 분명코 도적놈이니 너 같은 놈은 따라갈 수 없다."

그러고는 뿌리치고 돌아가려 하였습니다. 그러자 종리는 크게 웃으며 말하는 것이었습니다.

"그 금덩어리를 자세히 보라."

동빈이 자세히 보니 그것은 금이 아니라 썩은 돌이었습니다. 그제서야 종리가 자기를 시험하는 것임을 알았습니다.

그리하여 깊은 산골에 가서 움막을 짓고 공부를 하는데, 하루는 종리가 어디 갔다 온다 하며 더 깊은 골짜기에 가서 무슨 약을 캐어 오라 하므로, 동빈은 지시한 곳에 가서 보니 아주 잘 지은 초가집이 한 채 있었습니다. '이런 깊은 산골에 어찌 이런 집이 있는고' 하는 의아심이 나서 그 집 마당에 가서 보니, 방안에서 세상에 보기 드문 예쁜 여자가 반기며 나오더니, "우리 남편이 먼 길을 떠난 지 오래되어서 대단히 적적하더니 마침 잘 오셨습니다." 하며 동빈의 손을 잡아당기려 하는 것이었습니다.

이에 동빈이 번개같이 발로 차며 꾸짖기를, "이 요망한 년, 이것이 무슨 짓이냐?" 하고 소리를 질렀습니다. 그러자 갑자기 집과 그 여자는 간 곳 없이 사라지고 자기 스승인 종리가 허허 하고 손뼉치며 웃고 있는 것이었습니다. 이리하여 동빈은 또다시 시험당한 줄 알았습니다.

종리가 하는 말이, "세상에 제일 어려운 것이 재물과 여자인데 네가 그만큼 뜻이 굳으니 이제는 너의 집에 가서 부모를 아주 하직하고 참으로 공부 길을 떠나자."고 하였습니다. 그리하여 종리와 함께 자기 고향에 가서 집으로 갔는데 대문이 잠겨 있고 아무리 소리쳐도 안에서 대답이 없었습니다. 그래서 담을 넘어가 보니 이게 웬일인가. 자기의 부모, 형제, 처자가 누군가에게 맞아 죽어 사지四肢가 갈기갈기 찢어진 채로 온 마당에 가득 널려 있었습니다. 종리가 이것을 보고 깜짝 놀라더니 벌벌 떨며 동빈더러 '그 시체를 전부 주위 모으라' 하였습니다. 동빈은 처음부터 조금도 놀라는 빛이 없었습니다. 시체를 주위 모으면서 얼굴을 조금도 찌푸리지 않고 마치 나무 막대를 주위 모으듯 아주 태연하였습니다. 종리가 그것을 보고 또 한 번 크게 웃으니 모든 시체는 간 곳 없고 집안에서 자기 가족들이 반기며 쫓아 나왔습니다. 그때야 비로소 종리에게 시험당한 줄 알고 동빈은 크게 탄복하며 수없이 절하였습니다.

그 뒤로 동빈은 신선도를 닦아 세상에 으뜸가는 신선이 되어, 공중을 날아다니는 것을 비롯하여 기묘한 재주를 많이 가졌습니다. 그리하여 천하에 자기보다 나은 사람이 없는 줄 알고 돌아다니다가, 마침내 황룡산黃龍山에서 회기晦機선사의 도력道力에 항복하고 그 밑에서 크게 깨쳐 불법佛法으로 돌아왔습니다. 그 후 천여 년 동안 그 몸 그대로 돌아다니며 많은 불사佛事를 한 것은 세상 사람들이 다 아는 너무나 유명한 사실들입니다.

일례를 들면, 송나라의 휘종徽宗 선화宣化 원년元年(1119)에 휘종 황제가 임영소林靈素라는 사람에게 속아서 그와 모든 것을 의논하는

데, 문득 동빈이 그 자리에 나타나서는 임가를 꾸짖고 황제에게 속지 말라고 타이른 것과 같은 예를 들 수 있습니다.

14. 유안劉晏

유안劉晏은 당나라의 대종代宗(763~779) 때의 유명한 재상인데, 어릴 적부터 이인異人 만나기를 소원하여 많은 애를 써 왔습니다. 한번은 서울의 어느 술집에서 웬 이상한 사람들 서너 명이 술을 마시고 놀다가 한 사람이 "우리와 같은 사람이 또 있을까?" 말하자, 다른 한 사람이 "왕십팔王十八이 있지 않은가!" 하고 말하는 것을 듣고 마음 깊이 간직하였습니다.

그 후 자사刺史가 되어 남중南中으로 가서 형산현衡山縣을 지날 때 그 현청縣廳에서 쉬었습니다. 때는 봄철인데 좋은 채소들을 내어오는데, 하도 이상한 것들이 많기에 물었습니다.

"어디서 이런 좋은 것들을 구하여 왔느냐?"

"여기 왕십팔王十八이라는 채소 가꾸는 사람이 있는데 솜씨가 참으로 묘합니다."

그 말에 문득 이전에 이름을 들은 생각이 나서 '그 사람을 한번 가서 만나 보자' 하였습니다. 관인들이 그를 불러오려는 것을 말리고 자기가 직접 가서 보았습니다.

왕십팔은 떨어진 의복에 그 모양이 대단히 흉하였는데, 유안을 보더니 겁을 내며 벌벌 떨면서 절하는 것이었습니다. 유안이 그를 데리고 가서 술을 권하니 겨우 조금만 먹었습니다. 그리고 무엇을 물어도 도무지 '모른다'고만 하는 것이었습니다. 유안이 더 기이하게 여겨 '같이 가자' 하니 처음엔 사양하다가 못 이겨 같이 갔습니다. 배를 타고 가는데, 배 안에서 유안은 자기 가족에게 왕십팔을 참으로 훌륭한 사람이라고 소개하며 모두 예배하도록 하였습니다.

며칠을 가다가 그가 갑자기 배가 아프다 하더니 계속하여 똥을 싸서 배 안의 사람들이 크게 곤란해 하였습니다. 모두가 그를 원망하는데 유안만은 정성을 다하여 간호하였습니다. 그러나 며칠 앓더니 그만 죽어 버렸습니다. 유안이 크게 슬퍼하며 정성을 다하여 장사지내 주었습니다.

뒤에 유안이 벼슬이 바뀌어 딴 곳으로 갈 때 또 형산현에 들렀더니, 군수가 나와 반겨 맞으며 그때에 데리고 갔던 왕십팔이 얼마 후 돌아와서 '도로 가라 하기에 그만 돌아왔다'고 말하더라고 하는 것이었습니다. 유안이 크게 놀라 '지금도 있는가?' 하고 확인한 뒤에 그 처소에 가 보니 빈집뿐이었습니다. 이웃 사람 말이 '어제 저녁에 어디론가 가버렸다'는 것이었습니다.

유안이 울며 여러 번 절하고 나서 사람을 보내어 옛날에 그를 장사지낸 묘를 파 보니 과연 의복뿐이요 아무것도 없었습니다. 그 말을 전해 듣고 그때에 놀라지 않은 사람이 없었다고 합니다.

몇 해 뒤에 유안이 큰 병이 들어 정신을 잃고 거의 죽게 되었을 때였습니다. 왕십팔이 찾아와서 유안에게 약 세 알을 먹이자 뱃속에서 큰 소리가 남과 동시에 유안이 일어나 앉는데 병이 씻은 듯이 나았습니다. 가족들로부터 왕십팔이 병을 낫게 하였다는 말을 듣고서 유안이 일어나 울며 절하자, 왕십팔이 말하였습니다.

"옛정을 생각하여 와서 구하였는데 앞으로 삼십 년은 더 살 것이다. 삼십 년 뒤에 만나자."

그러고는 나가 버리는 것이었습니다. 유안이 아무리 붙들어도 소용없고 많은 보물을 주어도 허허 크게 웃기만 하고는 받지 않고 가 버렸습니다.

그 후 유안은 재상宰相이 되어 천하의 정사를 잘 다스리다가 못된 사람의 중상으로 대종代宗 황제의 미움을 받아 충주忠州 땅에 귀양을 갔습니다. 그러던 어느 날 문득 왕십팔이 또 찾아와서는 웬 약을 주어 받아먹으니, 삼십 년 전에 먹은 약이 그대로 다시 나오는 것이었습니다. 왕십팔은 그것을 물에 씻어 지니고서 돌아보지도 않고 가 버렸습니다. 그런 지 얼마 안 되어 유안이 죽자, 이 신기한 사실이 세상에 널리 전해졌습니다.

15. 법수法秀

법수法秀는 당나라 때 사람입니다. 그가 현종玄宗 개원開元 26(738)년에 꿈에 이상한 스님을 만났는데 가사袈裟 오백 벌만 지어 회향사廻向寺에 보내라 하는 것이었습니다. 그리하여 법수가 곧 가사를 만들어 회향사를 찾아가려 하였지만 아무리 찾아도 찾을 수가 없었습니다. 하루는 길에서 꿈에서 본 그 스님을 만나게 되었습니다.

"부탁한 가사는 어떻게 되었는가?"

스님은 대뜸 이렇게 물었습니다.

"가사는 다 되었으나 회향사를 찾지 못하겠습니다."

법수가 대답하자, 그 스님이

"따라오라."

하기에, 며칠 동안 따라가다 종남산終南山으로 들어가게 되었습니다. 아주 궁벽한 곳으로 가서 한 곳에 이르니 돌로 쌓은 단壇이 나왔습니다. 그곳에서 향을 피우고 스님과 함께 오래도록 예배드리자, 어느 사이엔가 층암절벽 위에 있는 많은 기와집들이 보이는 것이었습니다. 스님과 같이 올라가 보니 그곳에 과연 회향사라는 현판이 보였습니다. 건물과 경치가 모두 인간 세계에서는 보지 못하던 훌륭한 것들이었으며, 대중스님들도 많은데 다 성인들같이 보였습니다. 그 스님은 가사를 전부 나누어주고 나서 한 빈방을 보여주며 말하기를,

"이 방은 본래 지금의 당나라 천자의 방인데, 여기 있으면서 항상 음악을 좋아하던 탓에 인간으로 귀양 가서 임금이 되었다."

하는 것이었습니다. 그러더니 옥퉁소를 하나 주며,

"이것이 당나라 임금이 불던 것이니 가져다 주라."

하였습니다. 하룻밤도 더 못 자게 해서, 그 이튿날 산을 내려와 쳐다보니 절은 간 곳 없고 오직 바위만 보일 뿐이었습니다.

법수가 여러 차례 예배한 뒤에, 대궐로 가서 옥퉁소를 올리고 그 연유를 말하니, 현종 황제가 받아 불어 보는데 정말로 많이 불던 사람같이 소리가 잘 났습니다. 그래서 현종은 천하에 둘도 없이 뛰어난 문장가인 이태백李太白을 불러 글을 짓게 하고, 자신은 옥퉁소를 불며 노래하고 양귀비를 시켜 춤추게 하니 마치 인간을 떠난 신선

놀음과 같았습니다. 이 소문이 천하에 퍼지자 기이하다고 탄복하지 않는 사람이 없었습니다.

16. 포대화상布袋和尙

포대화상布袋和尙이라고 불리는 스님이 있었습니다. 남에게 얻어먹고 다니는 거지 스님인데 살림살이라고는 큰 포대 하나뿐이었습니다. 포대 하나만 들고 다니다가 사람들의 뒤꼭지를 똑똑 치면서 돈 한 닢 달라 하곤 하였습니다. 그것은 일종의 법문이었습니다. 또 예를 들어, 생선 장수를 보면 생선 한 마리만 달라고 하여 한 입만 베어 먹고 포대에 넣고 다녔습니다. 그렇게 무엇이든 눈에 띄기만 하면 달라고 했습니다. 그리고 장차 가뭄이 계속될 것 같으면 흐린 날에도 삿갓을 쓰고 다니고, 장마가 계속될 것 같으면 맑은 날인데도 굽이 높은 나막신을 신고 다녔습니다. 이런 식으로 앞일을 예견하는 데 하나도 틀리지 않았습니다.

포대화상이 돌아가실 때(916년)에는 명주明州 악림사嶽林寺 동쪽 행랑 밑에서 법문을 하면서 앉은 채로 입적했습니다.

그때 이런 게송을 남겼습니다.

미륵, 참 미륵이여
천만억 몸을 나투는구나.
때때로 사람에게 보이나

사람들이 알지 못하는구나.
彌勒眞彌勒
分身千萬億
時時示時人
時人自不識

포대화상의 죽은 시체는 전신全身을 그대로 절 동당東堂에 모셔 두었습니다. 그런데 그 뒤에 보니 곳곳에서 포대화상이 돌아다니는 것이었습니다.

17. 배도杯渡스님

배도杯渡스님은 당나라 때 스님으로 성도 이름도 알 수 없고 어디에서 왔는지도 모르는 분입니다. 그런데 길을 가다가 큰 강을 만나면 지고 다니던 걸망에서 조그마한 접시를 꺼내서 강물 위에 띄우고는 그것을 타고 강을 건너곤 하여, 사람들이 '접시를 타고 건넌다'는 뜻의 배도杯渡라는 이름을 붙인 것입니다.

그러면 접시를 타고 물을 건너는 스님이 접시가 없다고 강을 못 건널 까닭이 있겠습니까? 그런 것은 모두 장난입니다.

배도스님은 그렇게 하며 여러 곳을 다니며 중생을 교화하다가 돌아가셨는데, 죽은 뒤에도 이곳저곳에서 나타나곤 하였습니다.

18. 지공誌公스님

지공誌公스님은 신통력이 뛰어난 스님이었습니다. 그래서 양梁나라 무제武帝는, 이상한 행동으로 사람들을 미혹케 한다 하여 스님을 잡아서 옥에 가두었습니다. 그러나 사람들은 여전히 거리를 자유롭게 다니는 지공스님을 볼 수가 있었습니다. 옥졸이 잘못 지켜서 그런가 하고 옥에 가보면 스님은 옥 안에 그대로 앉아 있는 것이었습니다.

그 이야기를 보고받고서 무제는 크게 놀랐습니다. 무제는 지공화상을 궁중에 모셔 놓고 잔치를 베풀어 참회를 올리며, "스님, 몰랐습니다. 옥에 모실 것이 아니고 대궐로 모시겠습니다. 궁중에 머물러 계시면서 법문을 해주십시오." 하고 청하였습니다.

지공스님은 그 청을 받아들여 궁중에 머무르기로 하였습니다. 그런데 스님이 계시던 절에서도 예전과 똑같이 지공스님이 제자들을 모아 놓고 법문을 한다는 것입니다. 그럴 리가 없다 하며 가서 알아보니 과연 사실이었습니다. 이에 양나라 무제는 크게 발심하여, 천자 자리에 있던 40여 년 동안 불교를 더없이 융성시켰습니다.

지공스님이 돌아가실 즈음에 무제가 물었습니다.

"우리나라가 얼마나 오래 가겠습니까?"

"내 탑이 무너질 그때까지……."

지공스님이 돌아가신 뒤에 무제가 몸소 종산鐘山 정림사定林寺에 가서 탑을 세우고 그 안에 전신全身을 모셨습니다. 그리고 제사를 지내는데, 지공스님이 구름 위에 서서 내려다보고 있는 것이었습니다.

장사 지내러 온 수천, 수만의 대중이 그것을 보고 만세를 부르며 기뻐하였습니다. 그 많은 사람이 얼마나 환희심을 내었겠습니까?

그 일을 기념하여 개선사開善寺라는 절을 짓고 천하에서 으뜸가는 탑을 세우도록 하였는데, 무제는 급한 생각에 목조탑을 세우게 하였습니다. 드디어 나무로 지은 그 탑이 다 만들어지자, 무제는 비로소 '아차! 잘못했구나. 지공스님께서 돌아가실 때 당신의 탑이 무너질 때 나라가 망한다고 하였는데, 목조탑이 얼마나 오래갈 것인가?' 하는 생각이 들었습니다. 그리하여 그 탑을 헐고 새로이 석조탑을 짓기로 결심하고는, 사람들에게 시켜 그 목조탑을 헐기 시작하였습니다. 바로 그때 후경侯劉이 쳐들어와서 양 무제는 망하고 말았습니다.

양 무제가 어느 때인가 지공스님께 이렇게 물은 적이 있습니다.

"나라에 무슨 어려운 일이 있겠습니까?"

그러나 스님은 아무 말 없이 손가락으로 목의 두 곳을 가리켰습니다. 그때에 무제는 '무슨 말씀인가, 목이 달아난다는 뜻인가?' 하고 의아해하였습니다.

나중에 후경이 쳐들어오자 그제서야 비로소 그 뜻을 알 수 있었습니다. 지공스님이 목을 두 번 가리킨 것은 바로 목 후侯자, 목 경劉자를 예언하였던 것입니다.

19. 사명대사

이러한 무애자재한 경계는 옛날 이야기에만 나오는 것이 아닙니다. 가까운 예로 사명대사의 비석을 들 수 있습니다.

사명대사는 임진왜란 때 서산대사와 함께 승병을 일으켜 왜적을 물리친 유명한 스님입니다. 스님의 출생지는 경상남도 밀양의 무안입니다. 나라에서는 그곳에 스님의 공적을 찬양하는 비석을 세워 놓았습니다. 그런데 이 비석에서 이상한 기적이 일어나는 것입니다. 나라에 좋은 일이나 궂은 일이 생기려 하거나, 아니면 어떤 중대한 일이 일어나려고 하면, 이 비석에서 물이 나온다고 합니다. 물이 나오는데, 조금 흐르다 마는 것이 아니라 굉장히 많은 양이 나온다고 합니다. 많이 나올 때는 대두大斗 일곱 말에서 여덟 말까지도 나왔는데, 그동안 동학혁명, 을사보호조약, 한일합방, 3·1운동, 그리고 8·15해방, 6·25사변, 여순반란사건, 4·19의거, 5·16혁명 때 그 돌에서 물이 나왔다고 합니다. 5·16때에는 다섯 말이나 나왔다고 합니다. 그때 각 신문에서 이 사실을 많이 보도하였는데 특히 〈동아일보〉에서 자세히 소개했습니다.

나는 이 사실을 신문을 통해서 보고, 또 소문을 들어 알고 있었지만 믿기는 어려워 직접 가 보았습니다. 비석은 무안 지서에서 얼마 멀지 않은 곳에 있었습니다. 흙으로 대를 모아 놓고 여러 층층대를 올라가서 큰 돌로 좌대를 만들고 그 위에 새까만 돌로 비석을 세워 놓았는데 마치 방금 만든 비석 같았습니다. 그리고 그 위에 다시 지붕을 씌워 놓고 비각을 만들어 놓았습니다. 주위를 살펴보니 습기 같은 것은 찾아보려야 찾아볼 수가 없었습니다.

비각 주변에는 비각을 지키는 집이 서너 채 있고 구연이라는 노스님이 계시는데, 표충사 주지스님을 오래 한 분이었습니다. 그 노장스님이 말씀하기를, 비석에서 물이 나오는데 샘처럼 펑펑 쏟아지는 게 아니고 글자 사이사이의 매끄러운 데에서만 마치 구슬 맺히듯 땀 나듯이 나온다는 것입니다. 이 물은 비석 전체에서 나오는 것으로 비석 밑에는 물이 고이게 되어 있어서 그 양을 알 수 있게 해 놓았습니다.

그래서 그 노장스님에게 "세상의 어느 돌에서도 물이 안 나오는데 이 산중의 비석에서만 물이 나온다는 것은 거짓말 아닙니까?" 하고 물었습니다. 그랬더니 그 스님은 딱하다는 듯이 설명을 덧붙였습니다. 비석에서 물이 나오면 수백 명의 사람이 몰려오고 순경들이 와서 밤새 지킨다고 합니다. 그렇기 때문에 누가 물 한 방울을 더할 수도 없다는 것입니다. 그 많은 사람과 순경이 지켜보고 있으니 거짓말일 수가 없다는 것입니다.

비석의 물빛은 보통 물빛과 같고, 또 물맛도 보통 물맛과 같다고 합니다. 내가 갔을 때는 물이 나오는 날이 아니라서 그냥 사진을 몇 장 찍고 내려왔습니다. 가는 길이 무안 장날이었는데, 사람들을 잡고 사명대사 비석 이야기를 하니 남녀노소 할 것 없이 이구동성으로 비석에서 땀이 난다는 것입니다. 모두들 자기 눈으로 직접 보았다고 했습니다. 물이 나오는 것도 신기하지만, 더욱 신기한 것은 글자에는 전혀 물이 흐르거나 메워지지 않는다는 것입니다.

조사를 끝내고 표충사에 들러서 부산으로 왔는데, 당시에 동아

대학교 총장으로 있던 분이 달려와서 자초지종을 물었습니다. 그래서 사실임이 분명하다고 이야기해 주었더니 "스님께서도 남의 말만 듣고 믿습니까?" 하고 반문하는 것이었습니다. 그래서 "당신은 삼십 년 검사 생활을 했다는데, 그렇다면 그때 증인들 말을 안 믿고 또 보지 않은 것은 재판 안 하고 직접 본 것만 재판합니까?" 하고 되물었습니다. 수백 명의 증인이 있으면 확실한 것입니다. 사명대사가 그 비석을 직접 만든 것이 아니라도 그것은 사명대사와 깊은 관계가 있는 것입니다. 마치 법당의 부처님도 부처님께서 직접 만드신 것은 아니지만 부처님과 관계가 있기 때문에 사람들이 절도 하고 기도도 드리는 것과 마찬가지입니다.

결국 사명대사는 사백 년 전에 돌아가셨지만 물을 흐르게 해서 나라의 중대사를 예시하는 신기한 힘을 아직도 발휘하고 있는 것입니다. 이것은 사명대사의 무애자재한 능력이 사후에도 그대로 실현되고 있는 보기입니다.

이런 것은 근본적으로 무엇을 의미하는 것인가? 우리가 본래 갖고 있는, 영원한 생명 속의 무한한 능력을 개발한다면 귀종선 선사도 될 수 있고 또 원효스님의 스승인 혜공스님도 될 수 있다는 것입니다. 자유자재한 해탈을 성취할 수 있다는 말입니다. 그러므로 우리가 열심히 부지런히 공부하여 큰스님들처럼 자유자재한 해탈도를 성취해야 할 것입니다.

그러면 그 근본이 되는 핵심은 무엇인가? 바로 영겁불망이니, 곧 영원토록 다시 매하지 않는다는 것입니다. 영겁불망, 이것은 허공이 무너질지라도 조금도 변함없는 대해탈의 경계입니다.

이때 대중들 가운데서 한 스님이 일어서며 말했다.
"스님의 너무도 넓고 박학다식한 법문에 저희들 무지몽매한 중생들이 불같은 의심을 금할 수 없어서 몇 가지 여쭈어 보아야겠습니다."
"몇 가지 물어보겠으면, 천천히, 날씨도 시원할 때, 그때 며칠이고 이야기해 보자. 이리 더운데, 대중이 모두 네 이야기 때문에, 그래 네 이야기 들으며 기다리고 있으란 말이냐, 쌍놈아."
"그러면 스님은 어떤 분인지, 이것 하나만은 꼭 여쭙고 싶습니다."
"어떤 분이냐고! 내가 성철이지. 해인사 방장 성철, 나이는 칠십이고…… (웃음)."

맺는 말

　이제 지금까지의 내용을 총정리하면서 결론을 이야기하겠습니다. 종교의 목표는 상대·유한의 세계에서 절대·무한의 세계로 가는 것입니다. 불교에서는 이를 일체고一切苦에서 벗어나 구경락究竟樂을 얻는 것이라고 합니다.
　대개의 종교는 초월신을 전제로 하고 그것을 현실에서 찾는 것이 아니라 이상세계에 둡니다. 그러나 오늘날과 같은 우주과학 시대에 있어서는 그러한 초월신은 도저히 성립될 수 없습니다. 따라서 초월신을 전제로 한 종교는 새로운 활로를 개척하지 않을 수 없게 되었습니다. 그러지 않으면 다만 역사의 한 면을 장식하는 데 그치고 맙니다.
　불교는 본래부터 초월신을 부정합니다. 상대적이고 유한한 이 현실세계가 그대로 곧 절대의 세계이며, 이 세계를 벗어나 따로 절대의 세계가 있는 것이 아니라고 하는 생각이 불교의 근본 태도입니다. 그것을 「법화경」에서는 '제법실상諸法實相'이라 하고, 「화엄경」에서는 '일진법계一塵法界'라고 했습니다. 현실 이대로가 불생불멸不生不滅이며, 중도세계中道世界인 것입니다. 현대의 정신과학에서나 물질과학에서도 현실 이대로가 영원한 생명을 가지고 있고, 무한한 능력을 가지고 있음이 입증되고 있습니다.

그런데 중생은 현실의 차별만 보고 한계만 보려고 합니다. 한계 없는 절대의 세계는 보지 못하는 것입니다. 상대와 절대, 유한과 무한에 대한 한계는 그것을 보는 사람의 눈에 달려 있습니다. 아무리 해가 떠서 온 우주를 감싸고 있다 해도 눈감은 봉사는 이 광명을 보지 못하는 것입니다. 이 우주 전체, 삼천대천세계, 미진수법계 이대로가 불국토 아님이 없고 부처님 아닌 것이 없습니다.

그런데 중생은 번뇌 망상의 구름에 가려서 눈뜬 봉사가 되어 보지 못하는 것입니다. 절대와 상대는 때와 장소에 따라서 그 구별이 있는 것이 아닙니다. 전체가 모두 광명입니다. 눈을 감은 사람이 볼 때는 암흑이고, 눈을 뜬 사람이 볼 때는 광명인 것처럼, 눈만 뜨면 이 처소處所 이대로가 모두 절대입니다. 또 동시에 사람사람이 부처님 아님이 없는 것입니다.

결국 부처님이 세상에 나타나신 것은 중생을 제도하기 위해서가 아니고, 중생이 본디 부처임을 가르쳐 주기 위해서입니다. 앉은 자리, 선 자리 이대로가 극락세계, 황금세계, 절대세계입니다. 다만 그것을 알지 못함은 중생이 진리의 눈을 감았기 때문입니다. 진리의 눈만 뜨면 내가 바로 진금체眞金體이고, 내가 사는 곳 전체가 진금체이며 극락세계임을 알게 됩니다. 이 사실은 부정하려야 부정할 수 없습니다.

그러면 본래 정신 자체가 영원불멸이니 공부를 하지 않아도 불멸은 그대로가 아닌가 하고 생각할지도 모르겠습니다.

물론 공부를 하든 않든 간에 정신의 불멸은 그대로이나 그 쓰는 작용은 다르니, 공부를 하지 않는 사람은 진흙 속에 싸인 옥玉과 같아서 그 옥의 가치를 발휘하지 못하고 항상 생전에 지은 선악善惡의 업력業力에 따라 생사로상生死路上에 돌아다니며 무한한 윤회를 거듭하는 업보를 받게 되어, 조금도 자유가 없는, 고苦가 연속하는 생사의 불멸不滅입니다.

공부를 성취한 사람은 진흙을 다 씻어 버린 깨끗한 옥과 같아서 업력業力에 끄달리지 않아 생사로상生死路上에서 헤매지 아니하고 모든 고苦를 벗어나 영원히 자유자재한 대활동을 하게 되는 해탈의 불멸不滅입니다. 비유하면 공부를 성취하기 전에는 눈감은 장님의 생활과 같고 공부를 성취한 후에는 눈뜬 사람의 생활과 같으니, 사람과 생활은 같으나 눈뜨고 안 뜬 생활은 근본적으로 다르지 않습니까?

그러면 어떻게 하면 진리의 눈을 뜰 수 있는가? 생각을 한 곳에 집중해서 삼매三昧를 얻으면 모든 진리를 바로 볼 수 있으며, 그렇게 되면 이 현실 또한 바로 볼 수 있습니다. 만약 이 현실 자체가 틀린 것이라면 이 현실을 떠나야겠지만 그렇지 않기 때문에 우리는 현실을 바로 직시해야 합니다. 현실을 있는 그대로 보지 못했기 때문에 사바세계라고 하지만, 현실을 바로 보면 바로 극락세계입니다. 결국 중생을 부처로 만드는 것도 아니고, 사바세계를 극락세계로 만드는 것도 아닙니다. 원래 사바세계 이대로가 극락세계입니다.

불교에서 '현실이 곧 절대'라고 하는 것은 그 근본을 중도中道에 두고 있습니다. 양변을 여의고 또 양변이 서로 합해서 원융무애한 원리가 바로 중도입니다. 부처님은 우주 만물의 근본 원리인 중도를 바로 깨쳐서 영원토록 무애자재한 생활을 하셨습니다. 그와 동시에 일체 중생에게 '각자가 본래 지닌 부처로 돌아가자'고 말씀하셨습니다.

이것을 성취하기 위해서는 위법망구爲法忘軀의 정신을 가져야 합니다. 하루 품팔이하고 마는 정신으로는 대법大法을 절대 성취할 수 없습니다. 시간적으로는 영원에서 영원으로 지속되고, 공간적으로는 무한에서 무한으로 계속되는 무한한 큰 세계를 바로 보려는 큰 결심을 가지고 생활 방침을 세워야 합니다.

우리가 사는 이 세계 자체가 절대적인 자유세계임을 바로 보아야 합니다. 눈을 감고 밖으로 찾아 헤매고 다닌다면 끝내 이 세계를 바로 보지 못할 것입니다. 밖에서 찾으려 하는 것은 마치 황금 속에 들어앉아 있으면서 돈이 없다고 하는 것과 같습니다. 현실 이대로가 눈만 뜨면 영원토록 무한으로 쓸 수 있는 보물입니다. 자기 속이 광산이요, 자기 자신이 순금덩어리요, 자기가 앉은 자리, 선 자리가 전부 순금덩어리입니다. 이 광산을 개발하는 도구가 바로 화두話頭입니다.

화두를 부지런히 참구하여 아무리 깊은 잠이 들어도 무심삼매無心三昧를 성취해서 화두를 깨쳐야 합니다. 이렇게 하여 화두를 깨칠 것 같으면 본래의 광산을 내 눈으로 분명히 보고 미래겁이 다하도록 자유자재로 쓸 수 있습니다. 이 절대세계, 진금세계, 제법실상의 세계를 중생에게 소개하려면 여러 억천만 부처님이 출세하시어 미래겁이 다하도록 말해도 터럭만큼도 설명하지 못합니다.

지금까지 이야기한 것도 결국 금덩어리에 똥칠하는 격입니다. 그렇지만 금덩어리를 가진 모든 사람 가운데에 눈뜬 사람은 적고 눈감은 사람은 많습니다. 그래서 눈뜬 사람이 금덩어리를 던져 주면 눈감은 사람은 흙덩어리라고 하며, 오히려 그 사람을 때리고 주먹질을 합니다.

만일 어느 집에 가서 마당에 금덩어리가 있으니 파서 쓰라고 했을 때 그 말을 믿는다면 아무리 땅이 깊어도 그것을 파서 쓸 것입니다. 그런데 우리가 본래 지닌 무한하고 절대적인 보배는 마당 안의 금덩어리와는 비교도 할 수 없는 큰 보배입니다. 이처럼 우리는 보배산에서 살고 있음을 바로 알아 보배를 바로 찾아 써야 하겠습니다.

엮은이의 말

　이 법어집은 성철 큰스님께서 일찍이 영원한 자유를 누리는 삶에 대하여, 대학생 및 사부 대중에게 몇 차례 설법하신 내용을 정리하여 엮은 책입니다.

　큰스님께서는 지금으로부터 스무 해 전인 1967년 가을에 해인총림 방장에 취임하시고서, 그 해 겨울 동안거의 백여 일 동안 대중들을 위해 선禪-교教에 걸친 부처님의 일관된 사상은 '중도사상中道思想'임을 밝히는 설법을 하셨던 바, 산문山門에서는 큰스님의 '백일법문百日法門'으로 알려져 있습니다.

　그리고 다음 해 여름의 하안거에서는, 전국대학생불교연합회 하기 수련대회가 해인사에서 개최되어, 큰스님께서 불교의 현대적 고찰이라는 주제로 하루 두 시간씩 한 주일 동안 설법하셨습니다. 또 1980년 하안거, 동안거 동안에 인과因果에 대한 확실한 신심信心을 갖지 못하는 대중들을 위하여 보름에 한 번씩 윤회법문을 하셨습니다.

　이 법어집은 1968년의 대학생수련법회에서 하신 설법을 큰 줄기로 삼고, 백일법문의 일부와 윤회법문 등의 부분을 첨가하여 엮었습니다.

　그런데 이 책 『영원한 자유』를 펴냄에 있어, 이미 발간된 큰스님

법어집 『자기를 바로 봅시다』와 그 내용이 더러 중복되는 부분이 있는데, 그것은 이 책에서는 큰스님의 법문 내용을 단편으로서가 아니라 온전하게 다 담으면서 그 내용의 줄기를 일관되게 꾸미고자 하였기 때문입니다.

    현대인들에게 불교를 좀더 현실적으로 이해시키고 인과의 원리를 합리적으로 납득시키어 중생들 스스로가 본래 부처임을 자각하게 하여 영원한 자유를 누리는 삶의 길을 깨우치고자 하여 고구정녕하게 설법하신 큰스님 뜻을 얼마나 잘 정리하였는지 모르겠습니다. 정리와 편집이 큰스님 뜻에 미치지 못하여 오히려 누를 끼치는 일을 저지르지나 않았나 하는 두려운 마음뿐입니다.
    이 책을 가까이하여 부처님의 뜻을 깨닫고 불타는 집에서 벗어나 영원한 자유의 길로 한 발자국이라도 내딛는다면 그 얼마나 기쁜 일이겠습니까.

1988년 하안거 결제일

원택 화남

재발간에 즈음하여 드리는 말씀

　1971년 3월, 친구 따라 백련암으로 성철스님을 친견하러 갔을 때는 대구에서 비포장 황톳길을 버스를 타고 몇 시간이나 달려서야 해인사 정류장에 도착할 수 있었습니다. 백련암 올라가는 길은 또 험해서 마침내는 길이 끊어지고, 개울가를 따라 오르다가 산길을 밟고 바위를 넘기도 하며, 중생의 길에는 없는 '길 없는 길'을 걸어 힘들게 도착했습니다.
　그러나 40여 년이 지난 지금은 서대구IC에서 4차선으로 가야면까지, 2차선 아스팔트 길로 해인사까지 오게 되고 백련암까지도 찻길이 생겨 그때 반나절 걸렸던 길이 2시간이 안 걸려 대구에서 올 수 있게 되었습니다.

　1988년 7월에 초판 출간한 『영원한 자유』가 출판된 지도 26년이 흘렀습니다. 늦었지만 지재권에 따라 정리할 부분은 정리하고 편집을 새로 하여 다시 발간하게 되었습니다. 이 책에 실린 최초의 성철스님 법문은 1968년 여름에 하셨으니 50여 년 전의 법문을 정리한 셈입니다.
　지금도 부처님의 말씀을 이해하는 데 큰스님의 말씀이 많은 도움이 되리라 생각합니다. 백련암 가는 길은 그동안 이렇게 변했지만 큰스님 말씀 길을 크게 넓혀 줄 후생을 기대해 봅니다.

2014년 9월
원택 화남